novum pro

AF062077

SANNE ERDMANN

# KIND 1 UND 2, 3 UND 4 –
## IMMER IST WAS LOS BEI MIR!

TIPPS UND ERFAHRUNGEN AB
DER 1. SCHWANGERSCHAFT

Mit Patrik und Leon, Paula und Emilie

novum pro

www.novumverlag.com

Bibliografische Information der Deutschen Nationalbibliothek:

Die Deutsche Nationalbibliothek verzeichnet diese Publikation in der Deutschen Nationalbibliografie. Detaillierte bibliografische Daten sind im Internet über http://www.d-nb.de abrufbar.

Alle Rechte der Verbreitung, auch durch Film, Funk und Fernsehen, fotomechanische Wiedergabe, Tonträger, elektronische Datenträger und auszugsweisen Nachdruck, sind vorbehalten.

© 2017 novum Verlag

ISBN 978-3-99048-677-1
Lektorat: Franziska Maier
Umschlagfoto:
Gstudioimagen | Dreamstime.com
Umschlaggestaltung, Layout & Satz:
novum Verlag
Handabdruck:
Sonya Etchison | Dreamstime.com
Innenabbildungen: Sanne Erdmann

Die von der Autorin zur Verfügung gestellten Abbildungen wurden in der bestmöglichen Qualität gedruckt.

Gedruckt in der Europäischen Union auf umweltfreundlichem, chlor- und säurefrei gebleichtem Papier.

**www.novumverlag.com**

# Inhaltsverzeichnis

Biografie der Schriftstellerin . . . . . . . . . . . . . . . . . . . . . . . 7
Widmung . . . . . . . . . . . . . . . . . . . . . . . . . . . . . . . . . . . . . 9
Der richtige Zeitpunkt oder das richtige Alter . . . . . . . . . 10
Schwangerschaft und Zwischenfälle
in der Schwangerschaft . . . . . . . . . . . . . . . . . . . . . . . . . . . . 15
Notfallliste und die Geburten meiner Kinder,
Brief an die Krankenkasse . . . . . . . . . . . . . . . . . . . . . . . . . 40
Nach der Geburt und der Ärger mit dem Gewicht . . . . . . 48
Stillen – das spezielle Thema,
Speikinder, der Mutterschaftsurlaub . . . . . . . . . . . . . . . . . 56
Die Grundbedürfnisse der Babys
und Kinder: Wickeln bei Bedarf,
der Schlaf, das Essen und Kuscheln . . . . . . . . . . . . . . . . . . 64
Krankheiten, Zähne,
Allergien und Besonderheiten . . . . . . . . . . . . . . . . . . . . . . 81
Charaktere und Aussehen . . . . . . . . . . . . . . . . . . . . . . . . . 88
Kinderbetreuung . . . . . . . . . . . . . . . . . . . . . . . . . . . . . . . . . 96
Praktisch und unpraktisch . . . . . . . . . . . . . . . . . . . . . . . . . 110
Es wird einfacher ab dem zweiten Kind . . . . . . . . . . . . . . 115
Kindergeburtstage und
die Lieblingsspielzeuge meiner Kinder . . . . . . . . . . . . . . . 118
Organisation und Management –
ein riesiges Thema . . . . . . . . . . . . . . . . . . . . . . . . . . . . . . . . 126
Hobbies und Auspowern . . . . . . . . . . . . . . . . . . . . . . . . . . 141
Rechte, Pflichten und Lob . . . . . . . . . . . . . . . . . . . . . . . . . 163
Die Fortschritte meiner Kinder im ersten Jahr . . . . . . . . . 166
Die speziellen Phasen der Plappermäuler . . . . . . . . . . . . . 176
Blödsinn meiner Kinder und Kindermund . . . . . . . . . . . . 181
Alleinerziehend . . . . . . . . . . . . . . . . . . . . . . . . . . . . . . . . . . 186

Geschwisterliebe .............................. 192
Wir Eltern sitzen alle im gleichen Boot .............. 195
Ich muss nicht immer lieb sein ..................... 197
Spitalerfahrungen und das
Vertrauen auf das eigene Gefühl ................... 199
Die Zeit vergeht wie im Fluge ..................... 204
Veränderungen seit meiner Kindheit/Jugend ......... 215
Meine Babyliste ................................ 225
Mein Buch .................................... 228
Abschlussworte ................................ 232
Vordrucke und/oder Erinnerungen ................ 234

# Biografie der Schriftstellerin

Ich wurde 1980 in einem kleinen Dorf im Thüringer Wald zu DDR – Zeiten geboren. Meine Mama konnte zu Beginn ein Jahr zu Hause bleiben und wechselte sich dann mit meiner Oma bei den Schichten in der Schaukel- und Puppenfabrik ab, sie arbeitete immer 100%. Ab 1984 besuchte ich drei Jahre lang den Kindergarten und ab 1987 die Grundschule. Am Nachmittag waren meine Großeltern immer zu Hause und eine Zeit lang konnte meine Mama in Heimarbeit auch zu Hause nähen. Als 1989 die Wende kam, und wir somit zur BRD gehörten, wechselte ich ab der fünften Klasse auf das Gymnasium. Dort schloss ich 1999 meine Schulzeit mit dem Abitur ab. Von 1999–2002 absolvierte ich die Ausbildung zur Pflegefachfrau in Deutschland. Die dreijährige Ausbildung war sehr umfassend und vielseitig. Wir konnten auf jeder Abteilung arbeiten oder wenigstens Schnuppern gehen, auch bei der Spitex, in der Psychiatrie und sogar im Pflegeheim. Außerdem hatten wir die Möglichkeit, sämtliche Krankheitsbilder wirklich sehr umfangreich kennenzulernen. Somit konnte man schon nach der Ausbildung sagen, welche Abteilung zu einem passte und welche nicht. Es ist ein fantastischer, aber auch schnelllebiger Beruf, der mir immer noch viel Freude bereitet. Ende 2002 wanderte ich mit meinem damaligen Lebensgefährten in die Schweiz aus. Ich arbeitete 100% als Pflegefachfrau auf der Onkologie und der Medizin und konnte viele Erfahrungen sammeln. Mitte 2004 brachte ich meinen ersten Sohn Patrik zur Welt und ging nach fünf Monaten wieder 70% arbeiten. Er konnte in die spitaleigene Kinderkrippe „Zwärglihuus" gehen. Sie machten es super, er ist gern dorthin gegangen. Wenn ich frei hatte, konnten wir das Familienleben richtig genießen. Ende 2006 ist mein zweiter Sohn Leon zur Welt gekommen. Ich musste nach vier Monaten wieder 60% arbeiten gehen und wechselte in die Frauenklinik. Dort arbeitete ich auf der Notfallstation und der Onkologie. Auch Leon besuchte die Kinderkrippe des Spitals. Er hatte keine Probleme, konnte sich gut einleben und freute sich jedes Mal auf die Krippe. Anfang 2009 trennten sich mein Lebensgefährte und ich. Ich musste wieder im Ausmaß von 70% arbeiten und war nun alleinerziehend. Die Jungs gingen weiter in die Kinderkrippe, auch als der Große in den Kindergarten kam, war er am Nachmittag dort, wenn ich zur Arbeit musste. Es war eine gute Organisation nötig, aber wir kamen gut zurecht und konnten an freien Tagen immer viel unternehmen.

Ich lernte meinen Mann kennen, und er uns. Ende 2010 haben wir geheiratet und lebten auch schon zusammen in einer Wohnung in der Innerschweiz. Ich wechselte auf die Chirurgie. Mitte 2012 kam dann mein drittes Kind, unsere Tochter Paula, zur Welt. Ich ging weiter 70% arbeiten und die Großeltern passten auf die Kinder auf. Als mein Schwiegervater starb, ging die Kleine ab einem Alter von eineinhalb Jahren ein bis zweimal pro Woche in die Kinderkrippe vom Spital. Auch dort waren die Erzieherinnen und Erzieher sehr liebevoll, sie ging gern hin und freute sich sehr auf die anderen Kinder. Wir stockten das Elternhaus von meinem Mann auf und zogen 2014 in die untere Etage mit Garten ein. Ende 2014 brachte ich dann meine jüngste Tochter Emilie zur Welt. Seitdem arbeite ich 40% und unsere Familie und unsere Freunde kümmern sich um die Kleinen, wenn es nicht anders möglich ist. Ab Ende 2016 werde ich weiterhin 40% arbeiten und die Kleine wird dann einmal pro Woche in die Kinderkrippe des Spitals gehen. Meine große Tochter ist seit August im Kindergarten. Sie konnte es nicht erwarten. Ich möchte 2017 gern wieder auf die Onkologie und Medizin wechseln, und sobald die Kinder grösser sind, werde ich noch die Onkologie HöFa machen. Wenn alles klappt, möchte ich später bei der onkologischen Spitex arbeiten. Für die Zukunft freue ich mich jetzt schon auf das weitere Leben mit meiner Rasselbande und auf die Nichten, Neffen und später viele Enkelkinder.

# Widmung

Die Idee zu diesem Buch kam am 6. Januar 2016. Ich startete mit einer Seite auf Facebook, einfach, um Tipps und Tricks von mir an werdende oder Erst-Mütter weiterzugeben. Ich hatte schon oft bemerkt, dass alle immer das Gefühl haben, sie müssten es selbst schaffen, müssten alles wissen und alles nach Lehrbuch richtigmachen, anstatt einfach mal jemanden zu Fragen, der selbst schon Kinder hat. Ich möchte es hiermit allen leichter machen, indem sie Tipps und Erfahrungen einfach nachlesen können, anstatt zu fragen. Somit kann sich jeder das herausnehmen, was ihm zusagt und für ihn stimmt und es einfach selbst ausprobieren. Schon zwei Tage nach meinem Beschluss bemerkte ich, dass mir immer mehr einfallen würde und ich so viel zu schreiben hatte, so viele Tipps und Anregungen aus dem echten Leben einer vierfachen Mutter. Es wäre schön, wenn ich einigen (zukünftigen) Müttern Zuversicht geben und diese zu intuitivem Verhalten ermutigen könnte, da jedes Kind anders ist und andere Bedürfnisse hat. Ich hoffe, dass Sie einige Sachen aus meinem Buch nutzen können oder ich Ihnen wenigstens ab und zu ein Lächeln in das Gesicht zaubern kann, weil Sie jetzt schon Kinder haben und Ihnen einige Situationen bekannt vorkommen oder dass Sie, wenn Sie später welche haben, in manchen Momenten an das Buch denken und schmunzeln müssen. Ich danke natürlich meinen Kindern, sonst hätte ich ja nicht so viel zu schreiben und wahrscheinlich jeden Tag Langeweile. Außerdem danke ich meinem Mann, der es mit uns aushält, obwohl es nicht immer leicht ist. Und meiner Familie für die Unterstützung. Sie wohnen zwar weit weg, sind aber per Telefon trotzdem immer erreichbar und für mich da.

# Der richtige Zeitpunkt oder das richtige Alter

… den richtigen Zeitpunkt gibt es nicht! Wenn man darauf wartet, wird er nie kommen. Es wird immer Ziele im Leben geben, die man noch hat oder man wird traurige Nachrichten erfahren, die alles verändern können. Es wird immer einen Grund geben, weshalb der Zeitpunkt nicht perfekt ist. Man hat auch nie eine Garantie, dass die Beziehung hält oder alle gesund bleiben. Man muss sich dazu entscheiden, am besten zusammen, dann ist es der richtige Zeitpunkt! Darauf vorbereitet ist man dann aber immer noch nicht. Man kann sich vor dem ersten Kind nicht vorstellen, wie sich das Leben gestalten wird, sondern erst, wenn es bereits da ist.

Es gibt auch kein perfektes Alter, um Kinder zu bekommen. Ich habe die ersten zwei mit 23 und 25 Jahren bekommen und fühlte mich wohl dabei, ich war jung und fit und machte es gut. Jetzt mit 31 und 34 Jahren bin ich etwas älter. Ich bin nicht mehr ganz so frisch und ich brauche meinen Schlaf, ich mache es immer noch so, wie es für mich stimmt. Mit 23 Jahren habe ich gedacht, dass ich das ganze Leben noch vor mir habe und dann immer noch meine Ziele im Beruf und mit Reisen verfolgen kann. Jetzt mit 35 Jahren denke ich immer noch das Gleiche, auch wenn jetzt zugegebenermaßen schon einige Wehwehchen vorhanden sind. Ich bin eine hoffnungslose Optimistin, das heißt, ich lasse mich nicht unterkriegen und bleibe immer dabei, dass Positive zu sehen. Ich werde meine Ziele weiterverfolgen, es dauert noch etwas, aber ich werde sie durchziehen. Ich möchte gern einmal nach Australien, Afrika und Norwegen. Ich möchte mich gern beruflich noch etwas spezialisieren oder weiterbilden. Ich möchte gezielter helfen und etwas bewirken können. Auch mit 42 bis 45 Jahren kann ich diese Weiterbildung noch machen und mein

Ziel erreichen. Im Moment fühle ich mich meist voller Power, manchmal am Abend ausgepowert und an Regentagen etwas lustlos. Es hängt wie bei vielen anderen Leuten vom Wetter, vom Schlaf, von der Hilfe und von der eigenen Gesundheit ab. Es ist nicht immer einfach, aber ich mache, was ich kann, versuche, für alle da zu sein und doch jeden zu berücksichtigen in dem, was er braucht und mir abverlangt. Es klappt noch nicht jeden Tag, aber bis jetzt sind alle Kinder sehr gut und anständig geraten. Das macht mich stolz und zuversichtlich.

Eine ältere Kollegin hat einmal zu mir gesagt, dass ihre Tochter ganz anders ist als sie, sie hätte sich mit 20 Jahren niemals getraut, dem Chef aufzuzeigen, was sie alles geleistet hat, um den entsprechenden Lohn dafür einzufordern. Ich habe ihr geantwortet: „Heute muss man das manchmal machen und für sich selbst einstehen. Du kannst stolz sein, dass sie von dir das Selbstbewusstsein mitbekommen hat, das dafür nötig ist." Sie schaute mich an und lächelte: „So habe ich das noch nie gesehen." Die Kinder müssen nicht so sein wie man selbst, das werden sie auch nie. Sie sind selbständige Individuen und müssen ihren eigenen Weg finden und gehen.

Das Leben läuft nicht immer so, wie man sich das als Kind und später als Jugendlicher oder junger Erwachsener vorgestellt hat. Man muss Entscheidungen treffen und dann auch tragen, man muss manchmal durchhalten, manchmal einige Schritte zurückgehen, um vorwärtszukommen und manchmal kann man nur so vorwärts rennen. Auch ich habe einige Entscheidungen getroffen, die mein Leben verändert haben. Zum Beispiel habe ich eine Beziehung beendet, bin neue Wege gegangen und in ein neues Land gezogen. Ich habe mich immer wieder dafür oder dagegen entschieden, und wenn ich jetzt so zurückschaue, würde ich nichts ändern wollen, weil ich dann nicht wüsste, ob meine Kinder noch da wären. Die Kids würde ich nie hergeben, es wäre schlimm, wenn es sie nicht geben würde.

Was ich manchmal denke: Selbst wenn alles im Leben anders kommt, sie und meine Familie werden mir immer bleiben. Ich denke, man muss schon viel falsch machen oder sehr stur sein, dass man seine Kinder ganz verliert. Obwohl, man kann ihnen ja nur alle Werte sowie eine Vorstellung von richtig und falsch mitgeben. Aber auf den Freundeskreis hat man jedoch keinen Einfluss. Es können gute Typen sein oder in den Augen der Eltern ein schlechter Umgang. Aber werden sie dann nicht erst recht mit ihnen umherziehen, wenn die Eltern die Freunde nicht mögen …? Meine Eltern haben bei keinem Freund von mir wirklich negativ geredet, sie haben nur dann im Verlaufe nebenbei gesagt: „Es gibt noch andere." Komische oder echte umgekehrte Psychologie, ich habe keine Ahnung, ob Absicht oder nicht, aber da kommt man ins Grübeln. Und vielleicht hilft das … Es bleibt ein geringer Prozentsatz an Zufall bestehen, aber wenn der falsche Freundeskreis vorhanden ist und man als Jugendlicher oder junger Erwachsener nicht nein sagen kann, könnte einiges schief gehen … Es bleibt uns Eltern wirklich nur auf die Vernunft und die Willensstärke der Kinder zu hoffen. Ich hätte niemals Drogen genommen, ich hatte ehrlich gesagt zu viel Angst, dass sie mir gefallen würden und ich dann nicht mehr aufhören könnte. Ich habe auch heute noch keinen Joint oder Ähnliches versucht. Klar, ab und zu mal ein Gläschen Muskato oder ein Bierchen und im Sommer mit Freunden beim Grillen mal eine Zigarillo rauchen, perfekt! Für mich reicht und stimmt es so. Ich werde auch sehr offen mit meinen Kindern darüber sprechen. Über all die Sachen, die so auf der Welt passieren und über all die Fragen, die sie haben. Ich hoffe, dass sie sich dann trauen, immer zu mir zu kommen: Ich werde ihnen immer wieder sagen, dass ich immer für sie da sein werde und sie sich jederzeit an mich wenden können und ich ihnen helfen werde. Keine Ahnung, ob meine Eltern mit mir darüber geredet haben, ich kann mich ehrlich gesagt nicht daran erinnern. Ich habe schon so viele Menschen mit schweren oder verpfuschten Leben gesehen, oft waren sie allein, ohne Familie oder allein gelassen, ohne Rückhalt. Ich hoffe, dass wir uns in der Zukunft nur „normale" Sorgen machen müssen, aber nie große Sorgen.

Schicksalsschläge gehören zum Leben leider dazu. Jeder Mensch hat schon jemanden verloren oder schlechte Nachrichten erhalten. Egal, ob es einen selbst betrifft oder jemanden aus der Familie oder dem Freundeskreis. Es ist erschütternd und viele Sorgen und Ängste beschäftigen uns. Meist versterben die Urgroßeltern der Kinder als Erstes. Der eine Uropa schon, als ich noch in der Lehre war und die Kinder noch gar nicht in Planung waren. Er lag am Morgen einfach tot im Bett. Ich sage immer, für diese Menschen ist es so ein schöner Tod, aber für alle, die zurückbleiben ist es zu plötzlich und sehr hart! Zwei Uromas aus Deutschland haben meinen ältesten Sohn noch kennengelernt und konnten ihn zweimal sehen. Sie sind beide innert einer Woche gestorben, auch einfach eingeschlafen, zu Hause und im Spital. Das war eine schwere Zeit. Der Uropa von Paula ist auch im Spital verstorben. Er war 92 Jahre alt und bis zum Schluss noch recht fit. Dann ist vor 2 Jahren der liebe „Großbabi" hier bei uns an Krebs verstorben, viel zu früh. Er war mega stolz auf seine Enkeltochter und die zwei Stiefenkel. Er hatte die kurze Zeit mit ihr so genossen und hätte so gern noch mehr davon gehabt. Nur zwei Monate später ist der letzte Uropa verstorben. Wir waren sehr traurig. Das Leben ist manchmal schon sehr gemein! Und letztes Jahr noch mein Vater mit einem gutartigen Melanom. Ich bin so froh, dass es nicht bösartig war! Als Krönung dann noch meine Krankheit … Paula wurde im Mai geboren und Anfang Dezember machten wir eines Abends die Familienweihnachtsfotos. Als wir die Fotos zum ersten Mal sahen, fiel mir mein halb geschlossenes Auge auf der rechten Seite sofort auf. Im Januar bin ich dann zum Hausarzt gegangen, welcher mich sofort zum Neurologen weiterschickte. Von dort aus musste ich zu verschiedenen Ärzten und viele Untersuchungen machen. Im Mai war es dann klar und ein rechter Schock … eine Muskelerkrankung wurde diagnostiziert. Ich muss Medikamente nehmen, aber keiner kann sagen, wie es weitergeht und wie die Zukunft aussieht. Gerade ich, ich kann doch nie ruhig halten, muss immer etwas zu tun haben und werkeln. Aber positiv denken, bis jetzt geht das alles recht gut. Wenn es einem scheinbar zu gut geht, bekommt man erst mal wieder einen Dämpfer von oben. Klar könnte ich den Kopf hängen lassen und aufgeben, alle Ziele verwerfen und in Angst und ohne Hoffnung leben. Es ist mir einige Zeit auch wirklich nicht so gut gegangen, ich hatte recht zu kämpfen und wusste nicht, wie es weitergehen sollte. Aber ich hatte drei Kinder und ich bin ja doch eine hoffnungslose Optimistin. Wir haben uns dann für unsere vierte Maus und für das Haus entschieden. Ich habe mich für die optimistische Zukunft entschieden, dass alles so kommt, wie es eben kommt, und wir dann weiterschauen. Wir haben einfach alles abgesichert, falls einem von uns mal was passiert oder einer nicht mehr arbeiten kann. Ich lebe etwas bewusster, aber eigentlich schon durch meinen Beruf und die Erlebnisse auf der Onkologie. Jeder Tag ist ein neuer und ich versuche oft, zu genießen und es mir immer wieder bewusst zu machen. Meine doch ungewisse, aber hoffentlich gute Zukunft, ist immer im Hinterkopf! Aber ich kann mich nicht beschweren, zurzeit geht es mir sehr gut. Mich nervt nur die Medikamenteneinnahme alle drei Stunden, aber wenn es weiter nichts ist … Hauptsache, es bleibt so. Es ist schwer gewesen, sich an den Gedanken zu gewöhnen, aber es kommt für mich nicht in Frage, aufzugeben. Ich habe ja nur ein Leben und werde mich nicht unterkriegen lassen. Unkraut vergeht ja nicht!

# Schwangerschaft und Zwischenfälle in der Schwangerschaft

Ich habe es stets ohne Schwangerschaftstest gemerkt, wenn ich schwanger war. Ich musste meist ab der vierten Woche bei jeder Werbung, die auch nur ein bisschen traurig war, heulen wie ein Schlosshund – nicht, dass ich das wollte, aber die Hormone haben mich dazu gezwungen. So wusste ich es schon vorher und machte dann in der sechsten Woche einfach noch einen Test zur Bestätigung. Mein Mann hat es natürlich als Erster erfahren. Auch die Kindsbewegungen habe ich immer schon ab der zwölften Woche gespürt. Beim ersten Baby natürlich noch nicht, da wusste ich ja noch nicht, wie es sich anfühlt, aber ab dem zweiten. Kennt ihr das Gefühl, wenn ein Pups an der Bauchdecke entlangrollt? So ähnlich fühlt es sich an. Ich habe dieses Gefühl geliebt! Es ist einmalig! Jeden Tag, vor allem am Abend, wenn man dann so langsam zur Ruhe kommt, werden die Zwerge mobil, dann ist Partytime im Bauch, dann wird gestrampelt und gezappelt. Die Beulen werden mit der Zeit größer und der Bauch nimmt oft ganz komische Formen an. Ich habe das auf Video festgehalten. Es ist einfach immer wieder ein Wunder. Ich wollte stets wissen, ob es ein Junge oder ein Mädchen wird. Mein Mann und ich sind in diesem Zusammenhang zu neugierig. Wir haben es sonst keinem verraten, sondern immer Zwerg gesagt. Aber zum Vorbereiten und Sachen kaufen, welche man am Anfang braucht, war es so viel einfacher. Die Namen hatten wir schon, bevor wir wussten, was es wird. Vor der Geburt haben wir diese natürlich nicht verraten, da es sonst nur Diskussionen gibt. Wenn das Kind nach der Geburt so heißt, wird zwar auch manchmal mit den Augen gerollt, aber dann ist es so und muss akzeptiert werden. Dafür wollte ich bei meinen Kindern nie Doppelnamen. Man ruft sie ja doch nur mit einem Namen oder einem Spitznamen. Die Namen müssen kurz und knapp und nicht zu verschandeln sein.

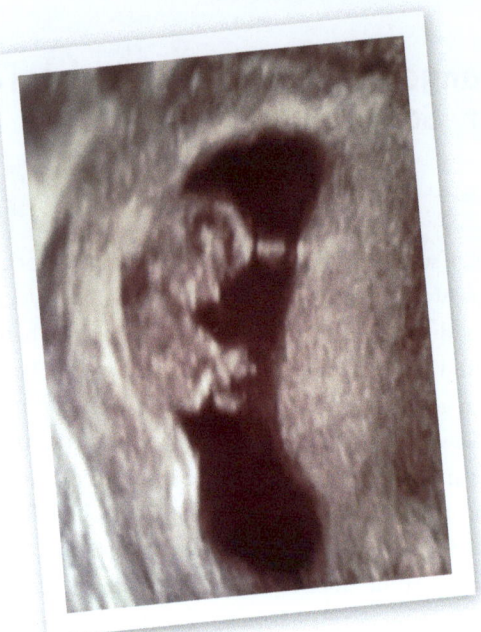
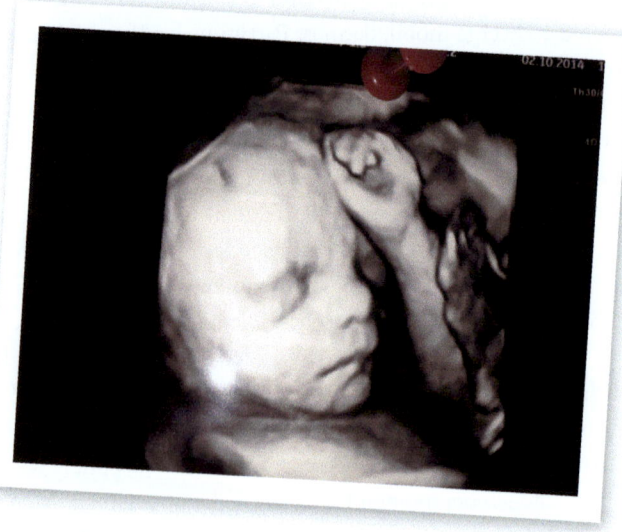

In meiner ersten Schwangerschaft musste ich in der 26. Woche notfallmäßig ins Spital, hatte aber noch nichts parat und mein Freund wusste nicht, was alles nötig war. Seit diesem Erlebnis mit Spitzenunterwäsche und ohne Zahnbürste hatte ich die Tasche immer schon gepackt bereitstehen. Ich war dann bei Zwischenfällen und kurz vor der Geburt viel entspannter, weil ich wusste, dass ich wenigstens nur die Tasche schnappen müsste und alles dabeihaben würde.

Das Schlafen ab dem sechsten Schwangerschaftsmonat nicht so einfach. Auf dem Rücken drückt der Bauch. Auf der Seite habe ich immer ein Kissen unter den Bauch gelegt und so konnte ich sehr gut liegen. Aber wenn der Zwerg eine Party im Bauch veranstaltet, kann man dennoch nicht schlafen. Außerdem muss man immer häufiger aufs WC, bis zu viermal pro Nacht. Ich habe das immer so gesehen, dass der Körper oder die Natur einen schon auf das regelmäßige Aufstehen zum Stillen vorbereitet.

Man sollte in der Schwangerschaft auf jeden Fall nicht für zwei essen. Wenn ich trotz guter oder normaler Portionen Hunger hatte, dann habe ich Obst gegessen. Aber das Trinken ist wichtig, wenn man auch sonst schon zwei Liter trinken sollte, jetzt erst recht! Es ist nötig zum täglichen Bilden und Erneuern des Fruchtwassers.

Ich habe während der Schwangerschaft alles so gemacht wie immer. Ich habe gearbeitet, gegessen, Hobbys weiterverfolgt und nie so getan, als wäre ich krank. Ich habe nicht geraucht, selten mal ein Glas Wein zum Anstoßen getrunken und viel Obst gegessen. Die Vitamintabletten konnte ich morgens unmöglich einnehmen. Ich konnte sie nur am Nachmittag und nur alle zwei Tage nehmen, dann ging es ohne Erbrechen. Dafür habe ich wirklich viel Obst und Salat gegessen, aber es ging auch gar nicht anders, morgens hätte ich sonst nichts runterbekommen.

Beim ersten Kind ist ein Vorbereitungskurs sehr informativ und gibt einem die Möglichkeit, alles zu verstehen und Fragen zu stellen. Ob allein oder mit Ehemann, das muss jeder selbst entscheiden, es gibt viele Varianten. Man kann auch immer das Spital und den Gebärsaal anschauen gehen, dann weiß man, wie man hinkommt und wo man hinmuss, wenn es einen Notfall gibt oder die Geburt losgeht. Bei meinem Geburtsvorbereitungskurs haben sie uns mit verschiedenen Murmeln und Bällen und deren Größe gezeigt, wie groß der Magen der Babys vom ersten Tag bis zu Ende des ersten Monats ist. Das war sehr eindrücklich. Die Größe einer kleinen Glaskugel am ersten Tag, deshalb brauchen die Zwerge dann auch wirklich nicht viel Milch in den ersten Tagen, bis zur Größe eines Tennisballs nach 4 Wochen.

Während der Schwangerschaft kann man sehr viel festhalten oder basteln. Ich habe jeden Monat ein Foto vom Bauch gemacht und den Umfang und das Gewicht aufgeschrieben und natürlich die Ultraschallbilder eingeklebt. Die anderen Kids durften im achten oder neunten Monat den Bauch anmalen und wir haben Fotos davongemacht und auch Videos von den Beulen im Bauch, wenn die Kinder dabei waren. Es gibt noch so viel mehr, man kann zum Beispiel Gipsabdrücke vom Bauch machen, die man dann anmalen und mit Löchern versehen und mit einer Lichterkette oder Birne zu einer Lampe umbauen kann und vieles mehr.

Wenn ich schwanger war, habe ich sie immer Zwerg genannt und schon viel mit ihnen geredet. Sie waren alle schon im Bauch kitzelig am Fuß und man konnte sie auch ärgern, wenn man etwas gegen eine Beule drückte, wurde zurückgedrückt oder sie haben sich weggedreht. Das sind Momente, die man nicht vergisst! Ich war immer gern schwanger, ich habe es genossen, bis auf die mühsame Zeit dann zum Schluss, wenn man sich fast nicht mehr bewegen und es nicht mehr abwarten konnte, sie endlich im Arm zu halten.

Unsere größte „Angst", als wir uns für das vierte Kind entschieden haben, war: Bitte keine Zwillinge! Das wäre wirklich zu viel auf einmal gewesen. Ich habe als Kind immer Zwillinge gewollt. Ich habe es mir damals schön vorgestellt. Aber als Mum wollte ich dann lieber ein Kind nach dem Anderen. Hut ab vor allen Zwillings- oder sogar Mehrlingseltern! Somit war unsere erste Frage beim ersten Ultraschall auch: „Ist es gesund?" – und die zweite Frage war sofort: „Es ist nur eines oder?" Die Ärztin lachte!

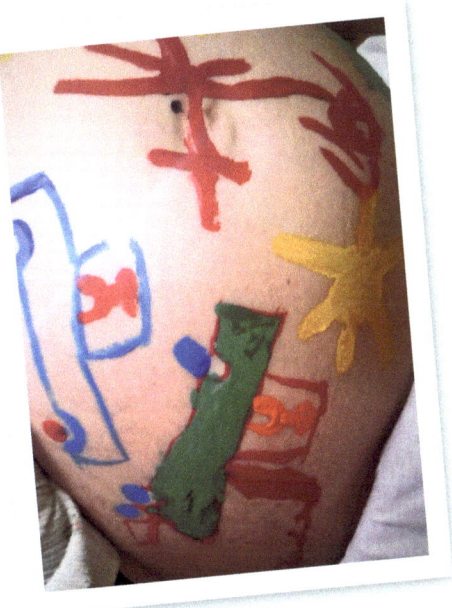
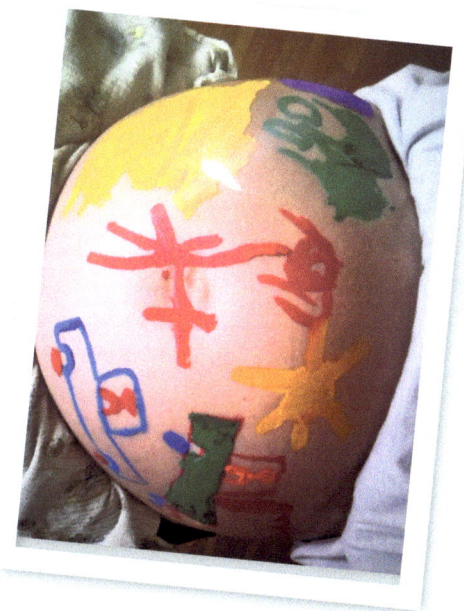

Ich wog immer um 20 kg mehr am Ende der Schwangerschaft. Es war vor allem viel Wasser und nach spätestens einem Jahr war alles wieder weg. Ich war sehr froh darüber. Ich hatte vier schwarze Schwangerschaftshosen mit verschiedenen Schnitten und sechs schicke Oberteile für die letzten drei Monate. Das hat für alle vier Schwangerschaften gereicht. Ich habe immer versucht, alles wie immer zu machen. Ich habe gearbeitet, zu Hause den Haushalt gemacht, die Kinder versorgt und den Garten gepflegt. Selbst, wenn der Termin nah war, bin ich noch zu Familienfesten und Veranstaltungen gegangen und habe, wenn es mir gut ging, abgemacht.

Meine Vorbereitungsliste für die ersten zwei Wochen nach der Geburt habe ich frühzeitig abgearbeitet und alles besorgt, damit ich alles zuhause hatte und nicht wegen jeder Kleinigkeit extra losmusste! Und da man ja nie weiß, wann es losgeht. Da stehen all die Sachen darauf, die ich immer gebraucht habe. Mit meiner Liste nach dem ersten Kind bin ich dann sehr gut zurechtgekommen. Klar habe ich sie bei jedem Kind ergänzt, aber ich musste nie notfallmäßig umherfahren nach der Geburt, um noch schnell etwas zu besorgen.

Meine Liste:
- zwei Still-BHs, immer um zwei Nummern größer als normalerweise, wegen der Milchdrüsen (ich habe es geliebt, endlich ein schönes Dekolleté
- drei Packungen Stilleinlagen (weil es immer mal tropft, vor allem, wenn das Baby schreit, dann läuft die Milch automatisch los)
- drei Packungen Stilltee (eine Packung pro Woche, zwei Tassen pro Tag, fördert die Milchproduktion)
- Wundcreme (eine große, eine kleine für unterwegs)
- eine große Wickeltasche, damit alles reinpasst
- zwei Packungen Windeln für Neugeborene – die Kleinste Größe
- Feuchttücher (zwei große Packungen, eine kleine für unterwegs) oder Watte mit Wasser zum Säubern
- ein Baby-Bad
- Ohrenstäbchen fürs Baby

- eine Thermoskanne
- zehnmal Noschi (90x90 Baumwoll-Kuscheltuch/Sabbertücher)
- Stillkissen bei Bedarf
- Badethermometer
- Slip Einlagen oder Binden, mindestens vier Packungen (wegen des Wochenflusses)
- eine Handpumpe zum Milchabpumpen für den Notfall (über diese war ich stets sehr froh, wenn die Brüste prall waren, die Kleinen aber einfach nichts wollten – etwas abpumpen und einfrieren als Reserve
- Nagelkneifer
- eine Flaschenbürste
- zwei Flaschen á 260 ml und zwei á 125 ml
- ein Nuckel 0–3 Monate und eine Nuckel Kette weich
- Aufsätze für Flaschen für das richtige Alter 0–3 Monate
- einmal nur zur Sicherheit Babynahrung in Reserve, am besten eine hypoallergene Nahrung
- Eiswürfeltüten um die Muttermilch portionsweise einzufrieren
- Stillpyjamas fürs Spital oder dann für zu Hause. Es reicht aber auch ein Pyjama mit Knopfleiste. Ich hatte zwei davon, damit ich wechseln konnte, wenn ich einen waschen musste.

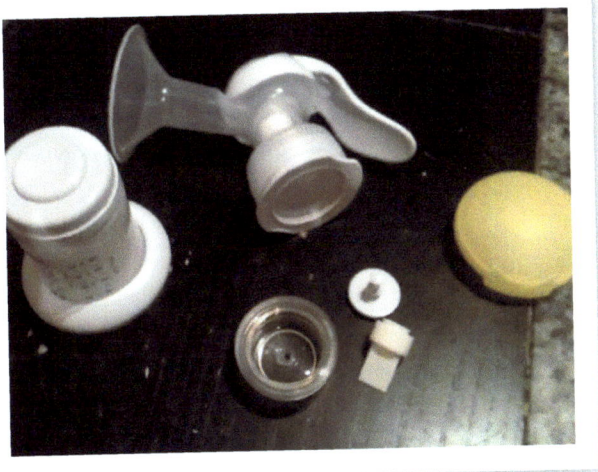

Außerdem darf die Apotheke für das Baby bis zum Jugendalter nicht fehlen. Sehr gute Erfahrungen habe ich mit dem Zahngel gemacht (mit oder ohne Kräuter), wenn die Babys zahnen ist es eine Wohltat für Kinder und Eltern. Einmal Elektrolytlösung in Reserve bei Durchfallerkrankungen, ist meist vier Jahre haltbar, Zäpfchen gegen Übelkeit, Puder für den Nabel, Ringelblumensalbe und -extrakt bei Dammriss für die Mama (immer nach dem WC mit Kamillenwasser oder Ringelblumenwasser abspülen und dann cremen, so viel wie nötig, es kann nicht zu viel sein), ein Thermometer fürs Baby, eine Bepanthensalbe für wunde Hintern und wunde Brustwarzen, Pulmexbaby bei Husten, NaCl – Nasenspray für Babys bei Schnupfen (Babys atmen beim Schlafen immer durch die Nase – wenn sie verstopft ist, können sie nicht schlafen) oder Nasenspray für Babys, Panadolzäpfchen je nach Gewicht und in Reserve Voltarenzäpfchen oder Ibuprofenzäpfchen je nach Gewicht gegen das Fieber, eine Wundcreme für den Po, Vitamine für die Mutter in der Stillzeit. Ist die Apotheke einmal vollständig, dann ist man jederzeit und für alles perfekt ausgerüstet. Ich habe sie in einer Toilettentasche und nehme sie auch immer mit in den Urlaub. Sobald die Babys laufen können, gehören unbedingt noch Pflaster, ggf. Mullbinden, Pinzette zum Splitter entfernen, eine Verbrennungssalbe, blutstillende Watte (bei Nasenbluten), Blasenpflaster beim Wandern und Bioflorin gegen Durchfall mit hinein. Man kann statt Zäpfchen ab einem Alter von drei Jahren auch Tabletten oder Sirup geben, wenn die Kinder diese nehmen. Man kann sich auch verschiedene Notfallnummern zum Beispiel Giftnotruf und so weiter heraussuchen.

Zur Grundausstattung gehören meiner Meinung nach ein Autositz, ein Kinderwagen, ein Trip Trap ab vier Monaten, den Beißring kann man im Tiefkühlfach runterkühlen (es reicht auch ein kalter, feuchter Waschlappen), eine Sonnenbrille und ein Sonnenhut, Krabbeldecken, zweimal wegen dem Waschen, eine Badewanne bei Bedarf (hatte ich nie, meine Kinder haben immer mit den Großen in der Badewanne gebadet oder im Waschkorb oder Waschbecken, eine Babywippe bei Bedarf, ein Kinderbett, bei Bedarf ein Stubenwagen (ist praktisch zum Wechseln zwischen dem Wohnzimmer und dem Schlafzimmer für die ersten fünf bis sechs Monate), Zahnpasta und -bürste ab dem ersten Zahn, bei Bedarf ein Namensschild für die Zimmertür, das Auto oder den Schrank, ein Auto (Chicco Taxi) zum Reinsetzten und Laufen ab sechs Monaten, ein Bobby Car ab einem Jahr, eine Gummi-unterlage fürs Bett, sobald sie trocken werden sollen oder auch vorher, wenn mal die Windel über- oder die Flasche ausläuft, ein Fußsack für den Winter im Kinderwagen, ein Spielebogen zum Darunterlegen, das Breikochbuch, Eiswürfelformen, ab Ende des fünften Monats Besteck und Plastiklöffel, Teller, Schnabel-tasse, Plastik-Teller und -Geschirr (von IKEA). Das Stillbuch von Hannah Lothrop kann ich empfehlen. Es ist nur auf das Stillen beschränkt, aber es sind einige gute Tipps darin.

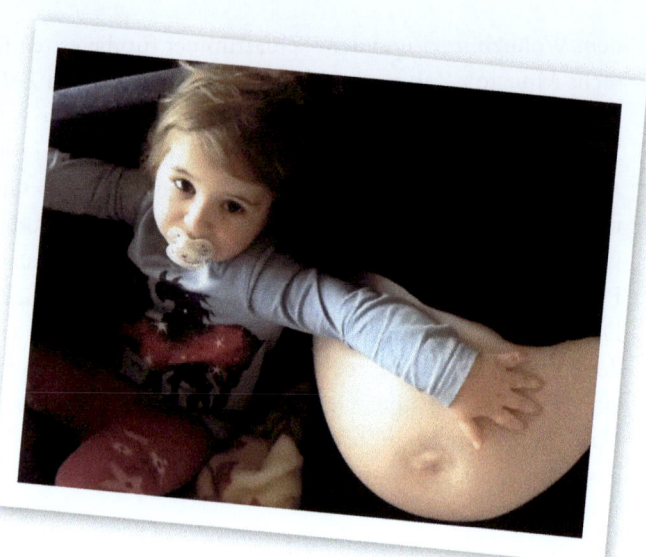

Es ist beim ersten Kind sehr viel, aber es muss ja auch nicht alles neu sein, es gibt Secondhandshops oder vielleicht hat man Kollegen, von denen man es ausleihen oder übernehmen kann. Oder man wünscht sich bestimmte Sachen für die Geburt, dann ist es wenigstens etwas, das man auch brauchen kann. Ich kann nur sagen, dass die Sachen selbst nach vier Kindern nicht kaputt sind und ich alles noch weitergegeben habe. Auch die Anziehsachen habe ich nicht alle gekauft. Ich habe viel von Freunden oder von Besuchern geschenkt bekommen oder selbst mit Gutscheinen gekauft. Viele Sachen habe ich zum Schluss weitergegeben oder auch zwischendurch ausgeliehen. Die Kinder wachsen so schnell und können die Sachen in der kurzen Zeit gar nicht abtragen.

Ich habe die Geburtskarten und Dankeskarten schon vor der Geburt fertiggestellt. Dann brauchte mein Mann nur noch die Fotos auszuwählen und einzusetzen und zum Drucken zu schicken. Somit hatten alle ihre Geburtskarte schon innerhalb von zwei Wochen und mit jedem Geschenk auch sofort die Dankeskarte, das spart viele Laufereien und man kann es abhaken. Es ist sowieso praktisch, da man vor der Geburt noch mehr Zeit hat! Wir wussten genau, dass wir sie auch taufen lassen würden, also haben wir gleich noch die Einladungen und die dazugehörigen Dankeskarten mitangefertigt. Alles auf einmal, aber dafür erledigt. Man macht in den ersten Tagen so viele Fotos vom Zwerg, dass man auf jeden Fall eine große Auswahl hat.

Was mir als sehr wichtig erscheint, ist, dass man unbedingt vorher auf der Passstelle oder ggf. der Botschaft abklärt, welche Papiere nötig sind und mitgebracht werden müssen, wenn man das Baby nach der Geburt anmelden will. Ich habe lieber vor der Geburt alles organisiert. Es ist oft sehr viel und aufwendig, vor allem, wenn man nicht verheiratet ist. Die wichtigsten Sachen, auf die man in der Schweiz achten muss, folgen jetzt. Ich denke, auch in Deutschland sollte man diese Sachen abklären, aber da kenne ich mich nicht aus! Man sollte das Baby unbedingt schon ab der 25. Schwangerschaftswoche bei der Krankenkasse anmelden. Falls es ein Frühchen wird, kann sich die Krankenkasse nicht weigern, alle Kosten zu übernehmen. Die Zahnversicherung sollte man vor dem dritten Lebensjahr abschließen, sonst wird ein Gutachten vom Zahnarzt nötig und die Kinder können ganz abgelehnt werden. Am besten gleich mit der Versicherungspolizze bei der Geburt, dann muss man nicht mehr daran denken und ist schon abgesichert, falls der einjährige Zwerg sich einen Zahn beim Hinfallen ausschlägt. Sonst muss man später Spangen und alles selbst zahlen. Das ist mir bei meinem Erstgeborenen passiert und so eine Spange ist sehr teuer! Auch den Kinderarzt sollte man sich schon vor der Geburt suchen. Es ist meist schwierig, einen freien zu finden, da sie oft zu viele Patienten haben.

Wichtig ist es, schon vorher eine Hebamme zu suchen. Am besten fragt man gleich in dem Spital danach, in dem man das Kind zur Welt bringen will. Sie kommen zur Betreuung nach Hause bis zum elften Tag nach der Geburt. Die Sympathie muss unbedingt stimmen und die Einstellung und die Ziele müssen etwa gleich sein, sonst wird es nur sehr anstrengend und bringt einem gar nichts. Ich hatte beim dritten Kind eine, die mir völlig unsympathisch war. Da war das mit der Hebammenbetreuung zu Hause gerade neu und ich hatte schnell nach der Geburt noch eine gesucht. Sie hat mir im Sommer bei 26 Grad gesagt, dass mein Kind zu dünn angezogen war und dass ich es doch nicht im Stubenwagen in den Schatten auf den Balkon stellen darf zum Schlafen und vieles mehr und hat mich behandelt wie ein kleines Kind. Das war so mühsam und ich habe mich nur über sie geärgert. Unbedingt auch vor der Geburt überlegen und mit dem Frauenarzt besprechen, ob man ins Spital oder in ein Geburtshaus und ob man eine Spontangeburt oder einen Kaiserschnitt möchte. Der Frauenarzt meldet einen mit dem Entbindungsdatum im Spital an, und man bekommt vom Spital die Dokumentenliste. Darauf steht, was man zur Geburt alles dabeihaben muss und es sind meist auch schon Aufklärung und Informationen zum Durchlesen und Ausfüllen dabei. Es sind zum Beispiel die Informationen und die Aufklärung zum Kaiserschnitt, zur PDK, zum Hörtest, zu den Blutuntersuchungen beim Kind nach der Geburt und auch sonst noch einiges dabei.

Mein Spitalkoffer war mit folgenden Sachen ab der 25. Schwangerschaftswoche parat:
- Snacks, vor allem Schokolade und Riegel als Energielieferant
- CDs
- Hausschuhe, Waschbeutel, Bademantel, T-Shirt und dicke, warme Socken für die Geburt (ich hatte immer kalte Füße)
- Still-BHs, ein Pyjama zum Stillen
- Mama- und Babysachen zum Nach-Hause-Gehen
- Zettel mit offenen Fragen zum Thema Stillen und Baden und zu Allgemeinem
- Dokumente
- Fotoapparat
- Sachen für Mama für den Spitalaufenthalt (vor allem bequeme Unterhosen und Socken)
- der Autositz fürs Kind zum Nach-Hause-Gehen, den kann dann auch der Mann mitbringen

Ich habe mir die Termine und die Telefonnummer der Mütterberatungsstelle vorher schon herausgesucht, dort kann man bei Fragen oder Problemen anrufen und meist alle zwei bis vier Wochen zum Gespräch, Wiegen und Messen des Kindes gehen. Beim ersten Kind gibt einem das noch viel Sicherheit, da man immer wieder erfährt, ob alles ok ist und der Zwerg gut wächst und gedeiht. Aber lasst euch nicht verrückt machen.

Mein Ältester zum Beispiel war immer sehr groß. Schon 56 cm bei der Geburt und sie haben ständig gesagt, er trinkt zu viel und nimmt zu viel zu. Ich sollte ihm weniger zu Essen geben. Ich habe es versucht, hatte dafür aber ein vor Hunger schreiendes und die ganze Nacht waches Kind. Das habe ich mir und ihm nicht angetan. Er hat wieder seine normalen Portionen bekommen und war damit zufrieden und hat die ganze Nacht durchgeschlafen!

Mein zweiter Sohn, das Speikind, war immer zu dünn wegen dem Erbrechen. Was will man machen, man kann es ja schlecht reinzwingen! Deshalb, lasst euch nicht stressen! Einfach gesunder Menschenverstand und, hört auf euren Instinkt. Ihr kennt euer Kind mit der Zeit am besten und es geht nicht immer nach Schema XY! Es muss für euch und das Kind stimmen.

Man sollte sich überlegen, ob man Hilfe für zu Hause nach der Geburt braucht. Zum Beispiel, wenn man keine Großeltern da hat oder alleinerziehend ist. Können einem die Familie oder die Freunde helfen, hat man Verwandte, die als Unterstützung nach Hause kommen könnten? Sonst gibt es die Möglichkeit für den Haushalt, die Wäsche und die Einkäufe, ja sogar den Mahlzeitendienst, die Spitex zu nutzen, auch auf ärztliche Verordnung ist das möglich. Man muss aber schon einen Selbstbehalt zahlen. Wie viel, kann man bei der Krankenkasse erfragen.

Wenn man nicht verheiratet ist, kann man während der Schwangerschaft zur Absicherung eine Vaterschaftsanerkennung, einen Sorgerechtsvertrag und einen Unterhaltsvertrag sowie einen Erbvertrag über die Gemeinde und den Sozialdienst machen.

Man muss auch unbedingt abklären, ob die Krankenkasse Stillgeld zahlt und den Rückbildungskurs übernimmt. Bei meinem Großen, in der ersten Schwangerschaft, war ich gerade mal in der

21. Schwangerschaftswoche und hatte plötzlich ein regelmäßiges Ziehen im Bauch. Wir mussten ins Spital fahren und dort startete der Arzt mit einem Wehen Hemmer, dem Adalat. Ich musste zur Überwachung einige Tage dort und am CTG bleiben. Ich hatte solche Angst und habe viel geweint in diesen drei Tagen, bis endlich die Medikamente gewirkt haben. Ein Frühchen in der 21/22. Schwangerschaftswoche hat nicht wirklich gute Überlebenschancen, noch dazu vor zwölf Jahren. Aber wir hatten Glück und ich konnte nach einer Woche mit Medikamenten nach Hause. Ich durfte nur noch halbe Tage arbeiten und musste viel ruhen, aber es ging sehr gut und zum Schluss wollte mein Sohn gar nicht mehr kommen. Als ich zehn Tage über den Termin war, wurden die Wehen dann eingeleitet. Mit PDA kam er zur Welt und das war auch gut so, denn er war schon 56 cm groß und 4,32 kg schwer! Ein Riesenbaby! Er hatte zwar noch alles voller Käseschmiere, das heißt, er hätte noch etwas Zeit gebraucht und war noch nicht parat, aber dann wäre er ja noch größer gewesen.

Dann kamen zwei sehr schöne Schwangerschaften. Ich hatte zwar die ersten drei Monate Übelkeit, aber nur am Morgen, so wie ich das vom Großen auch schon kannte. Mir ging es am besten, wenn ich vormittags nur Obst gegessen habe und kalte Schokomilch trinken konnte. Ab dem Mittag war alles wieder okay und ich konnte essen und trinken, was ich wollte. Man merkt schnell, was einem am besten bekommt und auf was man verzichten sollte. Ich hatte immer rechten Hunger auf Salziges und Fisch und danach sofort auf etwas Süßes. Das war bei allen vier Schwangerschaften gleich. Ich habe viel Obst und Salat gegessen. Ich habe auch viel Reis gegessen und Brennnesselblättertee getrunken, da ich ja wusste, dass ich viel Wasser einlagern würde, aber es hat nichts geändert. Stützstrümpfe hatte ich nie, solange der Arzt es nicht für nötig hielt … freiwillig hätte ich die nie angezogen. Ich habe oftmals am Anfang der Schwangerschaft kein warmes Essen oder keine Salami riechen oder garkochen können, aber da geht es jedem anders. Sonst ging alles weiter wie immer. Ich ging 70 % arbeiten, machte den Haushalt und unternahm einiges mit den Kindern. Ich fühlte mich wohl! Diese zwei Geburten waren genial.

Ich hatte in der dritten Schwangerschaft ein recht heftiges Erlebnis. Ich habe am Morgen die Jungs in die Schule geschickt und wollte dann Kuchen backen. Ich war in der Mitte des achten Monats. Mir war ganz komisch und ich legte mich kurz aufs Sofa und lagerte die Beine hoch, aber es wurde nicht besser. Die Bilder vor meinen Augen flackerten und mir war einfach unwohl. Ich habe versucht, meinen Mann anzurufen. Er hatte das Handy aber auf lautlos und im Auto. Ich versuchte, die Nummer vom Spital zu wählen, die auf der Notfallliste stand und schaffte es nicht, die Ziffern richtig einzutippen. Ich habe auf der Anrufliste im Handy die Nummer von meinem Schwiegervater gesehen und okay gedrückt. Er ging ans Telefon und ich wusste, was ich sagen wollte, aber konnte es nicht, es kamen andere Wörter aus meinem Mund. Er verstand mich nicht, wusste aber sofort, dass etwas nicht stimmte und sagte nur: „Ich komme!". Ich versuchte erneut, das Spital zu erreichen und stammelte auch dort irgendetwas. Sie versuchten, mich zu beruhigen und sagten, ich sollte sofort mit jemandem oder dem Rettungsdienst 144 in den Gebärsaal kommen. Mein Schwiegervater war in zehn Minuten da. Er schnappte meine gepackte und parat stehende Tasche und wir fuhren los. Ich konnte laufen und denken, aber nicht das sagen, was ich wollte. Im Spital angekommen sind wir in den Gebärsaal und mehrere Ärzte stürmten herein und fragten mich wie ich heiße, und untersuchten mich neurologisch. Ich konnte nicht mal meinen Namen sagen, obwohl ich das wollte. Mein Schwiegervater musste das übernehmen. Er telefonierte auch mit meinem Mann, der sofort von der Arbeit kam. Ich hatte mehrere Untersuchungen und auch das Kind wurde kontrolliert. Sie fragten mich alle halben Stunde und untersuchten mich neurologisch. Nach fast zwei Stunden im Spital wurde das Sprechen langsam besser. Sie konnten nichts finden und sind davon ausgegangen, dass es ein kleines Gerinnsel gegeben hatte und es sich von allein wieder auflöste. Dieser Tag war erschreckend für mich, er zeigte mir, dass es hätte schiefgehen können und ich beschloss, für meine Kinder ein Heft zu schreiben mit Wünschen, positiven und negativen Eigenschaften, die sie haben, alles, was ich an ihnen liebe und alles, was ich zu ihnen sagen möchte, falls mir mal was passieren sollte. Ich erneuere es einmal im Jahr, wenn ich Zeit habe.

Aber wir mussten auch Trauriges erleben. Wenn man sich mit anderen über die Schwangerschaft oder die Geburten unterhält, gibt es viele, die dann auch von Fehlgeburten berichten. Das ist gar nicht so selten. Viele können durch Gespräche mit dem Ehemann und der Familie gut damit umgehen und mussten diesen traurigen Teil auch verarbeiten. Anderen fällt das durch bestimmte Umstände nicht so leicht. Dann sollte man unbedingt in eine Therapie oder Selbsthilfegruppe, das tut gut und man kann lernen, damit zu leben. Es gibt auch die Möglichkeit, die Frühgeburten mit nach Hause zu nehmen oder auf einem Friedhof zu beerdigen, diese Möglichkeiten klärt man am besten im jeweiligen Spital ab. Auch Fotos zu machen für später und als Erinnerung ist oftmals hilfreich. Da ich einige Jahre auf der Notfallabteilung der Frauenklinik gearbeitet habe, musste ich dort einige sehr traurige Geschichten und Erfahrungen miterleben. Wir haben immer Fotos von den Frühchen gemacht (also ich meine auf einer Blumenunterlage mit einer Blume oder einem Plüschtier daneben), egal in welcher Schwangerschaftswoche, und haben sie den Eltern in einem Umschlag mitgegeben. Sie konnten dann selbst entscheiden, wann sie dazu bereit waren oder was sie damit machen wollten. Wir haben nach unserer dritten Tochter auch ein Kind verloren, ja, ich war erst in der zehnten Woche, manche würden das jetzt noch nicht so sehen, aber ich hatte bis dahin noch nie so früh Probleme. Also ich spürte es immer sofort, wenn ich schwanger war, auch ohne Test, meist schon in der vierten oder fünften Woche und dann gab es nie ein Problem. Somit hatten wir auch diesmal nach dem Test große Freude. Wir überlegten uns schon die Namen und ich redete schon mit meinem Zwerg und freute mich auf ihn. Dann plötzlich, ich war im Urlaub in Thüringen, hatte ich Blutungen und Bauchweh. Ich wusste es sofort, die Blutung war sehr stark. Ich war sehr traurig und musste weinen. Wir hatten schon das Anne Geddes Buch gekauft und die Namen und jetzt würden wir es nie im Arm halten dürfen. Es war sehr traurig. Das Einzige, was mir geholfen hat, war das Wissen, das es funktionieren kann, dass ich schon drei gesunde Kinder habe und ich wieder schwanger werden könnte. Und so war es dann auch. Aber ehrlich, diese Angst, die ich vorher nie hatte, dass doch jederzeit etwas passieren kann, dass man sich nie ganz sicher sein kann, begleitete mich die ganze Schwangerschaft. Sie dämpfte die Vorfreude, sie machte mich vorsichtiger und dankbarer für meine gesunden Kinder. Auch heute in dieser medizinisch fortschrittlichen Zeit kann man sich nie sicher sein, dass alles gut geht. Man muss dankbar sein, wenn der Zwerg gesund und munter auf die Welt gekommen ist und alles gut geht und der Kleine es gut macht, Risiken und Komplikationen gibt es leider immer wieder. Den Namen von unserem Sternenkind Sven konnte ich nicht wieder nehmen. Es gab zwei neue Namen für unsere Kleinste. Manchmal frage ich mich immer noch, was der Zwerg wohl geworden wäre, ein Junge oder ein Mädchen. Wahrscheinlich auch wieder ganz anders und doch eine Mischung aus uns zweien.

Es ist wirklich so, wenn man noch nie ein Kind, egal in welcher Schwangerschaftswoche, verloren hat, kann man sich diese Ängste, welche dadurch entstehen, nicht vorstellen. Man hat in der Schwangerschaft schon auch Respekt und etwas Angst, aber man ist doch viel unbeschwerter. Wenn man auch nur kurz schwanger war und sich schon auf das Kind gefreut hat, schon Namen überlegt hat und es vielleicht noch nicht mal sonst jemandem ausser dem Partner erzählt hat und man es dann verliert, dann ist es nicht mehr das gleiche. Dieses unbeschwerte Gefühl vom Geniessen können ist getrübt, von der Angst, dass es jederzeit verloren sein kann und man nichts dagegen tun kann. Es ist unbeschreiblich, weil man sich auch so machtlos fühlt und man über jede weitere überstandene Schwangerschaftswoche froh ist und hofft, dass es gut geht. Man möchte sich unendlich freuen, hat aber Angst alles wieder zu verlieren, sich zu sehr zu freuen und Angst vor der Trauer und dem Verlust. Ich will mir gar nicht vorstellen, wie es dann noch ist, wenn das beim ersten Kind passiert oder dann sogar mehrmals, ohne dass man ein Kind im Arm halten kann, all diese Verluste, unvorstellbar traurig und diese Ängste. Geschweige denn ein Kind tot gebären zu müssen oder es in frühen Lebensjahren zum Beispiel durch eine Krankheit oder einen Unfall zu verlieren, das schlimmste was einer Mutter und Eltern passieren kann! Ich ziehe den Hut vor all den Eltern, die so etwas durchstehen mussten und nicht daran zerbrochen sind! Die gelernt haben, oder eher lernen mussten, mit diesem Verlust zu leben. Ich denke noch oft an unseren kleinen Sven. Wie er wohl gewesen wäre und wie er ausgesehen hätte. Er ist immer in meinem Herzen und meinen Gedanken, wenn ich an Familienmitglieder denke, welche nicht mehr bei uns sind.

***Ich bin unendlich dankbar für meine 4 gesunden Kinder!***

Es hat mal jemand gesagt, die Schwangerschaft beim 4. Kind sei die schwierigste. Ich weiss es nicht, ich denke einfach, je öfter man schwanger ist, desto höher wird das Risiko, dass auch mal etwas schief gehen kann. Früher gab es viele Familien mit sechs oder noch mehr Kindern und man hörte oft, dass es in diesen kinderreichen Familien auch Fehlgeburten oder behinderte Kinder gab. Und auch heute noch, trotz fortgeschrittener, moderner Medizin kann man froh sein, wenn alles gut geht und man ein gesundes Kind in den Armen hält und es heranwachsen sehen darf und sieht, wie es seinen eigenen Weg findet und dann selbst eine Familie gründet.

Wir freuten uns natürlich sehr, dass ich so schnell wieder schwanger wurde, und es lief alles bis zur 33. Woche ohne Probleme. Aber dann wollte mich die Kleinste so richtig auf die Probe stellen. Als wollte sie zum Abschluss sagen: „So, jetzt nehmen wir noch mal alles mit!" Es war Ende Oktober 2014. Am Mittwoch und Donnerstag hatte ich beim Arbeiten oft ein Ziehen im Bauch und leichte Wehen, die auch am Freitag bei der Weiterbildung sehr häufig und schon etwas stärker waren. Am Freitag habe ich kurz mit der Ärztin gemailt. Ich könnte gern noch abwarten, aber etwas mehr Ruhe halten und mich am Montag sonst wieder melden. Am Montagmorgen bin ich nach einem Telefonat ins Spital auf die Gebärabteilung zur Kontrolle. Das CTG zeigte häufige Wehen und der Muttermund war noch 2,8 cm lang, der Kopf lag unten. Wir starteten mit Adalat gegen die Wehen. Um 14:30 war ich zu Hause. Oh ja, die Große hatte die Zeit mit dem Babysitter genutzt und war abgehauen. Sie ist etwas allein spazieren gegangen. Bis Mittwoch war Ruhe im Bauch und ich konnte mich soweit möglich etwas schonen. Am Donnerstagmorgen nach dem Aufstehen hatte ich schon wieder viele Wehen. Ich habe um 14 Uhr die Ärztin angerufen und sollte, wenn es sich nicht bis 15 Uhr beruhigen würde, wieder ins Spital kommen. Also um 16 Uhr in den Gebärsaal, der Muttermund war 2,1 cm lang und der Kopf war unten. Start der Adalatinfusion und Start der Lungenreifespritze zur Sicherheit, falls der Zwerg schon kommen wollte. Dann wurden die Wehen immer mehr und mehr… Die Tokolysestufe wurde von vier bis auf sechs gesteigert, dann war erst mal Ruhe. Ich habe meine Mama angerufen. Sie konnte am Montag kommen und bleiben, solange es nötig war! Es war eine kurze Nacht wegen den Nebenwirkungen des Wehenhemmers mit Herzklopfen und Hitze und zu viel Magensäure und es war keine frische Luft im Zimmer. Erst zwischen vier Uhr und acht Uhr habe ich etwas geschlafen, sonst war es nicht möglich. Die Verlegung auf die Station war erst am Freitagmorgen um ca. zehn Uhr. Um 16 Uhr habe ich die zweite Lungenreifespritze erhalten. Um 20 Uhr hatte ich wieder vermehrte Wehen, mit Wickeln wurden sie etwas weniger. Von null bis vier Uhr habe ich endlich geschlafen, dann bin ich nur auf das WC und hatte dann wieder alle zwei bis drei Minuten Wehen. Wieder wurde ich in den Gebärsaal verlegt und erhielt Wehenhemmer Stufe 7, damit trat kaum eine Beruhigung der Wehen ein. Jetzt war der Muttermund 2,2 cm lang und der Kopf unten, unter den Wehen ist der Muttermund nur noch 1,4 cm lang. Da nichts hilft und die höchste Stufe erreicht ist, wird um 6:10 Uhr ein neues Medikament, Tractocile, gegeben und darauf spreche ich gut an. Trotzdem wird die Verlegung nach Luzern nötig, da nur dort eine Frühgeborenen-Station ist. Also am Samstagmorgen um sieben Uhr mit dem Krankenwagen mit Blaulicht nach Luzern in den Gebärsaal. Dort angekommen ist der Bauch recht ruhig, der Muttermund 28 mm lang, jetzt liegt sie aber wieder in Steißlage. Ich habe es nicht mal bemerkt, dass der Zwerg sich im Rettungswagen gedreht hat. Na ja, ruhig bleiben und weiterschauen. Alle Informationen und wichtigen Sachen habe ich den Hebammen und Ärzten weitergegeben. Und wieder Bettruhe und abwarten. Die Maus ist ca. 36 cm groß und 2400 Gramm schwer. Am Samstag war dann Ruhe. Am Sonntag kamen die Anästhesisten und die Kinderärztin. Sie machten sich keine großen Sorgen, dass etwas nicht stimmt oder der Zwerg Mühe haben würde, falls er jetzt auf die Welt kommen würde. Mädchen sind immer viel robuster und stärkere Kämpfer, haben sie gesagt, bei Jungs ist das nicht immer so einfach, die machen eher Komplikationen. Am Nachmittag und am Abend hatte ich leichte Wehen. Die Nacht war dafür recht gut. Um sechs Uhr morgens mussten sie den Wehenhemmer stoppen, da dieses Medikament nur 24 Stunden gegeben werden kann. Und wieder hatte ich starke Wehen. Also wieder Gynipral Start Stufe 6 und gleich hoch auf Stufe 7. Wieder Nebenwirkungen mit Herzklopfen, Zittern, Unruhe und warm/heiß. Du liegst immer noch falsch rum, der Muttermund ist 24 mm lang, das heißt, ein Kaiserschnitt wird nötig, falls die Wehen nicht aufhören. Eine Steißgeburt kann ich mir nicht vorstellen. Hoffentlich drehst du dich noch, die Hoffnung bleibt! Und ich mache die Übungen, die mir die Hebammen gezeigt haben, damit du dich vielleicht drehst. Ich freue mich wahnsinnig auf dich, wenn du endlich kommst und (ehrlich gesagt) ich dann erlöst bin vom Bett und dem Nichtstun. Dass ich dich dann halten kann und die Medikamente mit den Nebenwirkungen endlich wegkommen. Komm doch endlich raus! Zu meiner Verteidigung, ich bin nicht der Typ, der herumliegen kann, ich brauche was zu tun, ich muss unbedingt etwas machen und mich bewegen können. Ich habe in den Tagen im Spital elf Bücher gelesen! Und alle Geburts-, Dankes- und Taufkarten vorbereitet. Es gab vier Situationen, in denen ein Arzt an mein Bett kam und sagte, wenn es sich jetzt nicht beruhigt, dann holen wir es trotz Steißlage oder es kann normal kommen, wenn es richtig liegt. Je nachdem, wie die Maus mal wieder lag, da sie sich wie ein Wirbelwind ständig drehte. Und irgendwann war das Hin und Her nur noch anstrengend. Ich konnte es nicht mehr hören und fragte, wie lange das noch so geht. Sie sagten, ab der 34. Schwangerschaftswoche darfst du so oder so kommen und heute war der vierte Tag der 33. Schwangerschaftswoche. Also max. drei Tage weiter warten und dann stellen sie sowieso die Medikamente ab. Hoffentlich, ich will dann endlich nach Hause. Ich mag nicht mehr. Ich kann das Bett nicht mehr sehen. Und ich vermisse meine Kinder! Natürlich freue ich mich immer mehr auf dich und jedes Mal wenn ich denke ‚Okay, jetzt kommst du', dann werden wieder die Medikamente gesteigert oder gewechselt oder … Grrrrrr, die anderen vermissen uns auch riesig und ich sie. Der Papa freut sich auch riesig auf dich und darauf, dass wir hoffentlich bald heimkommen. Die Oma ist ja noch da und hilft zu Hause mit und schmeißt den Haushalt. So kann ich wenigstens einigermaßen beruhigt hier rumliegen und nichts tun. Es ist sehr schön, dass sie so spontan kommen konnte und sie war eine große Unterstützung für alle. Es war Dienstagabend und bis dahin war Ruhe im Bauch. Um acht Uhr habe ich Fragmin erhalten und um halb neun gingen die Wehen wieder los, alle drei bis fünf Minuten und recht stark. Also wieder Medikamente erhöhen, der Muttermund ist unverändert. Es gab Wickel und Kügeli und wieder warten und wieder der Spruch: „Wenn es sich jetzt nicht beruhigt, müssen wir sie halt holen, da sie wieder verkehrt herum liegt." Aber ich hatte gerade erst Fragmin, das heißt acht Stunden lang wäre keine PDA möglich und somit Vollnarkose! Aber die Situation beruhigte sich auch nicht und ich konnte mal wieder nicht schlafen. Ich war müde von dem Hin und Her und dem Rumliegen und auf Drogen und deshalb am Zittern ohne Ende. Ich mag nicht mehr und soll warten. Um vier Uhr waren die Wehen dann endlich schwächer. Um halb sechs Uhr konnte ich einschlafen und um halb sieben gab es wieder eine Blutentnahme und ich wurde geweckt. Yes … Ich heule und halte das Hin und Her nicht mehr aus. Die Wehen sind immer noch, aber weniger stark und oft. Der Arzt kommt, um die Medikamente zu reduzieren, und macht einen Ultraschall. Na wenigstens hast du dich wieder gedreht. Ohhhh, das musst du dir noch oft anhören, dass du mich schon vor der Geburt geplagt hast und du einfach gemacht hast, was und wie du es willst. Am Mittwoch ging es den Tag über einigermaßen. Immer mal wieder ein paar Wehen und ich machte die Weihnachtskarten parat. Papa kam am Abend allein zu Besuch und wir lagen zusammen im Bett und genossen einfach nur mal die Nähe. Dann konnte ich trotz großer Müdigkeit nicht schlafen, diese Unruhe von den Medikamenten und das Muskelzucken in den Beinen wurden immer schlimmer. Um halb drei Uhr konnte ich nicht mehr und heulte schon wieder. Ich bekam Magnesium und Redormin zum Schlafen. Und endlich konnte ich etwas schlafen, wenigstens mal vier Stunden am Stück. Den Donnerstag nahm ich etwas gelassener. Heute würden vielleicht die Medikamente reduziert, mal sehen. Die Visite kam und wieder eine Überraschung. Sie haben keinen Platz auf der Überwachungsstation für dich, das hieß, noch zwei bis drei Tage warten mit Medikamenten und dann wäre vielleicht Platz oder die Medikamente würden gestoppt und du verlegt, falls du kommst. Oh Mann, dann eben dich verlegen, ich halte es nicht noch länger aus mit den Nebenwirkungen. Also haben sie die Medikamente langsam reduziert und bis 15 Uhr war alles weg. Endlich! Der Bauch war unruhig wie immer, mal mehr, mal weniger, am Abend viel mehr. Ich ließ mir Redormin und Magnesium schon um zehn geben und konnte mit Unterbrechungen endlich mal wieder bis sieben Uhr schlafen. Am Freitag fühlte ich mich wieder etwas mehr als Mensch, da die Nebenwirkungen fast weg waren. Der Bauch war noch ein wenig unruhig, aber es ging mir sehr gut. Der Bauch blieb immer gleich, mal mehr, mal weniger Wehen. Ich konnte wieder nur mit Medikamenten schlafen, aber immerhin. Am Samstag bei der Arztvisite sagten sie, dass sie heute eine Untersuchung machen und ich dann morgen heim können würde, wenn alles so bleiben würde. Oh, das wäre schön!!! Ich hoffe, es bleibt dabei, oder kommst du doch noch zur Welt? Mal sehen. Die Untersuchung war soweit gut, der Muttermund war 28 mm lang und du hast ca. 2500 Gramm gewogen, alles gut, wir dürfen morgen nach Hause. So schön! Ich freue mich sehr und kann es nicht erwarten, endlich wieder nach Hause zu kommen! Wir durften am Sonntag nach Hause. Die Oma war noch für eine

Woche zum Helfen da, das war auch nötig. Ich war vom Rumliegen sehr schlapp und ich hatte schon vom Spazierengehen und Treppensteigen einen starken Muskelkater. Die Muskeln bauen schnell ab, wenn man fast drei Wochen lang nur aufs WC und duschen gehen darf. Aber wir haben jeden Tag trainiert und jetzt durfte ich mich endlich wieder bewegen. Genau eine Woche später am Sonntag kam Opa noch für vier Tage zu Besuch. Er machte den Garten winterfest. Ich war sehr froh darüber, da ich das in diesem Jahr nicht konnte. Die Wehen waren mal mehr, mal weniger. Ich legte mich dann immer etwas hin und es beruhigte sich wieder. Mal hast du richtig gesessen und dann wieder falsch herum, wie du gerade wolltest. Ich spürte das sehr gut und kontrollierte jeden Tag zwei- bis dreimal, wie rum du nun liegst. Am 9.12. war wieder eine Kontrolle. Alles war gut, du hast ca. 3000 Gramm gewogen und heute war der Kopf mal wieder unten. Wir waren gespannt und weiterhin am Warten. Der Zwerg drehte sich fast jeden Tag. Bis zur 37. Schwangerschaftswoche musste ich oft zur Kontrolle ins Spital und wieder hieß es manchmal Kaiserschnitt und manchmal alles okay für eine normale Geburt. Da ich aber sicher beim letzten Kind nicht auch noch einen Kaiserschnitt wollte, haben wir uns am 17.12 entschieden, dass wir, wenn sie am nächsten Tag auch noch richtig herum liegen würde, die Geburt einleiten würden. Ich war nicht erfreut über diesen Schritt, aber das war besser als ein Kaiserschnitt! Sie kam am 18.12. mit Einleiten und PDA zur Welt. Sie war normale 52 cm groß und 3,3 kg schwer und wie alle anderen gesund und perfekt! Dafür bin ich sehr dankbar.

Die Probleme in der vierten Schwangerschaft haben mich wirklich beschäftigt. Ehrlich gesagt hätte ich mir schon vorstellen können, nochmals schwanger zu werden und ein Kind zu bekommen, aber falls ich dann wieder frühzeitige Wehen gehabt hätte oder noch früher deswegen ins Spital hätte müssen, wie bei meiner Großen, und noch länger dortbleiben und liegen müssen. Das könnte ich mir nicht vorstellen. Nein, es ist perfekt so. Ich habe das große Glück, vier gesunde Kinder zu haben. Sie bereiten mir Freude und machen mich sehr stolz.

# Notfallliste und die Geburten meiner Kinder, Brief an die Krankenkasse

Am besten sollte man ab dem zweiten Kind eine Notfallliste mit Telefonnummern von Babysittern und von einem Taxi anlegen, falls der Mann mal nicht zu erreichen ist und es schnell gehen muss. Ich hatte beim zweiten Kind eine lange Liste für den Notfall und es war gut so. Es war natürlich keiner da oder zu keiner erreichen bis auf die Kollegin ganz unten. Ich bin beim zweiten Kind abends ganz normal schlafen gegangen und mitten in der Nacht um eins spürte ich ein Ziehen. Ich bin kurz aufs WC gegangen und die Wehen kamen in immer kürzeren Abständen. Ich habe meinem Partner Bescheid gesagt und bin ins Wohnzimmer aufs Sofa gegangen. Die Wehen wurden immer mehr. Ich bin umhergelaufen und habe geatmet und versucht, irgendjemanden per Telefon zu erreichen. Sie hatten gesagt, man sollte auch im Spital anrufen bei starken, regelmäßigen Wehen, Blutungen, dem Blasensprung oder Unwohlsein. Also habe ich im Spital angerufen und Bescheid gesagt, dass wir starten. Ich wusste, wenn Schleim mit wenig Blut abgeht und die Wehen einsetzen, dann ist das bei mir immer ein sicheres Zeichen, dass die Geburt bevorsteht. Aber das ist bei jedem und jedes Mal ein bisschen anders. Man sollte auf jeden Fall auf das hören, was die Hebammen im Kurs sagen!

Ich hörte mal von einer Kollegin, welche einen Blasensprung ohne Wehen hatte, aber auf Arbeit war. Es war laut ihr nicht so viel Fruchtwasserabgegangen und sie wartete dann noch über 24 Stunden. Aber es ist alles gut gegangen und die Kleine ist per Kaiserschnitt gesund zur Welt gekommen, aber mit einigen Druckstellen, da kein Fruchtwasser mehr zum Schutz vorhanden war.

Bei meinen Freunden von der Notfallliste war keiner zu erreichen, nur eine Freundin, die aber um sechs Uhr zum Flughafen musste. Es blieb uns nichts Anderes übrig. Sie ist direkt losgefahren. Dann, mitten auf dem Teppich, natürlich dem einzigen in der ganzen Wohnung, ist die Fruchtblase geplatzt! Ich habe mich umgezogen und mein Partner hat einen Müllsack und Handtücher auf den Autositz gelegt. Und endlich sind wir losgefahren. Das geht natürlich zur Sicherheit auch auf der Fahrt ins Spital, wenn die Fruchtblase noch nicht geplatzt ist. Beim Einsteigen ins Auto war ein grosser Dachs in unserer Einfahrt. Er war laut am herumschnüffeln und schaute ganz neugierig zu uns. Das werde ich wohl auch nie vergessen. Auf dem halben Weg ins Spital haben wir mit meiner Kollegin von Autofenster zu Autofenster die Schlüsselübergabe gemacht. Mein Partner ist gefahren und ich habe geatmet und die Wehen wurden immer mehr. Im Spital angekommen legte ich mich auf eine Liege und wurde in den Gebärsaal gefahren. Ich habe kaum auf dem Bett gelegen und war parat, da rief ich schon: „Es kommt!" Und noch vier- bis fünfmal pressen und er war da … Das war extrem schnell, fast zu schnell. Ein perfekter kleiner Mann, unser Leon.

Schon sind wir bei meinen Geburten. Meine erste Geburt dauerte 16 Stunden und wurde zehn Tage nach dem Termin, mit Wehenmitteln und einer PDK eingeleitet. Die zweite und dritte Geburt waren sehr schnell. Zu Hause hatte ich zwei bis drei Stunden Wehen und den Blasensprung, aber es war mir wohl, dann sind wir ins Spital gefahren. Einmal war ich nur zehn Minuten da und er war geboren, wir waren fast zu knapp los. Und einmal waren wir 30 Minuten im Spital. Wir sind extra früher losgefahren. Das war perfekt! Und die Letzte, die Kleine, haben wir auch eingeleitet und dann kam sie mit PDK nach ca. fünf Stunden zur Welt, na ja, eigentlich auch schnell.

Manche Mütter erzählen, dass sie gern normal geboren hätten, aber wegen der falschen Lage oder anderer Ursachen einen Kaiserschnitt haben mussten. Zu Beginn war das meist auch völlig okay, weil es ja nötig war, aber einige hatten später im Nachhinein auch das Gefühl, etwas verpasst zu haben, dass irgendetwas fehlte. Es ist wichtig, darüber zu reden! Man kann nach der Geburt noch ein Gespräch mit der Hebamme oder mit der Mütterberatung führen, über den Verlauf und die Geburt an sich. Auch das Aufarbeiten einer schweren Geburt oder wenn man es sich einfach anders vorgestellt hat, ist wichtig. Im Spital hat man die Möglichkeit, das Baby dann mal ein bis zwei Nächte rauszugeben, das heißt, man schläft selbst und immer, wenn der Zwerg hungrig ist, wird er gewickelt und gebracht. Man muss nur Stillen und dann nehmen sie ihn wieder raus. Ich habe das in den letzten ein bis zwei Nächten vor dem Nach-Hause-Gehen gemacht. Man muss dann noch lange genug selbst aufstehen.

Bei meinem Großen waren es 16 Stunden mit eingeleiteten Wehen und mit PDK. Das sind andere, heftigere Wehen. Bei dem zweiten Kind waren es dann normale, natürliche Wehen, gut wegzuatmen und nicht so schlimm.

Bei der dritten Geburt habe ich die zwei Großen am Morgen in die Schule und in den Kindergarten gebracht. Dann bin ich nochmal ein Stündchen ins Bett, weil meine Nacht wegen Senkwehen so unruhig war. Gegen zehn Uhr bin ich aufgewacht und habe angefangen, das Mittagessen vorzubereiten, Lasagne sollte es geben. So nach und nach kamen die Wehen. Ich machte den Mittagstisch parat und habe meinen Mann angerufen. Er war mit dem Velo unterwegs. Die Jungs und er kamen nach Hause und aßen noch in Ruhe zu Mittag. Ich habe mich im Spital angemeldet und gegen 12:30 Uhr sind wir losgefahren. Diesmal etwas früher. Die Jungs sind ganz aufgeregt wieder in die Schule gegangen. Außerdem haben wir meine Schwiegereltern informiert, damit sie die Jungs um 15:15 Uhr nach der Schule abholen. Als wir im Spital waren, hatten wir ca. eine halbe Stunde, bis meine Tochter da war. Perfekt! Geburten sind schon heftig und auch schmerzhaft, aber die Babys können ja schlecht drin bleiben. Also, so fest wie möglich pressen und sobald sie da sind, ist es ja auch vorbei und alles wird von einem riesigen Glücksgefühl überdeckt! Nach diesen zwei schönen, schnellen Geburten machte ich mir keine Sorgen wegen einer weiteren Geburt.

Aber das Einleiten ist halt immer völlig anders als normale Wehen. Normale Wehen kann man wegatmen, dann hat man eine natürliche Ruhe- und Erholungspause, aber bei einer Weheninfusion sind die Wehen viel stärker und man hat keine oder kaum Pausen. Genau dafür ist meiner Meinung nach die PDA perfekt. Ich kann sie nur empfehlen, wenn's nicht mehr geht mit der Wehenstärke und es laut den Hebammen noch lange bis zur Geburt dauert. Manchmal muss man sich da etwas durchsetzen gegen die Hebammen und genau in diesen Momenten ist der Begleiter wichtig, um einen zu unterstützen und in dieser Entscheidung zu stärken.

Eine Kollegin von mir hat immer gesagt, sie kann sich normal gebären nicht vorstellen und hatte somit zwei Kaiserschnitte, aber für sie hat es so völlig gestimmt. Ich habe mir das nie vorstellen können, nach zwei so guten Geburten dann einen Kaiserschnitt. Dann doch lieber mit Einleiten. Klar hat man Schmerzen, aber sobald das Kind da ist, sind sie vorbei und ohne PDA war ich nach gut 30 Minuten wieder ganz normal am Herumlaufen. Zwar müde, aber ich fühlte mich gut. Mit einer Narkose und dann noch einem Bauchschnitt, da hat man hinterher noch zwei bis drei Wochen Schmerzen. Aber wenn es notfalls nötig gewesen wäre, hätte ich natürlich auch nicht Nein gesagt …

Man kann sich vorher noch vieles erhoffen, manchmal gibt es Situationen, da muss man es dann einfach so nehmen, wie es kommt. Auch die Positionen und Varianten der Geburt sind so unterschiedlich. Ich selbst gehe sehr gern in die Badewanne. Auch während der Schwangerschaft fand ich es schön und entspannend. Somit hatte ich mir immer vorgestellt, dass eine Wassergeburt etwas für mich wäre. Ich habe es voller Vorfreude probiert, das heißt, ich saß in der Wanne und es war mir überhaupt nicht wohl. Es hat genau drei Minuten gedauert. Ich habe meine Kinder im Knien und Stehen oder Liegen bekommen und auch zwischendurch gewechselt, wenn Zeit war. So ist es manchmal, man muss es ausprobieren und offen sein für alles.

Mein Mann war immer dabei, aber am Kopfende. Er fand es sehr gut, die Nabelschnur durchtrennen zu dürfen und das Baby zu waschen und anzuziehen, aber genau schauen wollte er nicht. Er hat immer gesagt, im Gebärsaal muss man einfach dabei sein, versuchen die Frau zu unterstützen und Entscheidungen mit durchzusetzen. Aber was Mann unbedingt unterlassen sollte, sind Sarkasmus und Witze. Videos wollte ich nie von den Geburten, aber auch das muss jeder selbst entscheiden.

Ich habe die SMS nach der Geburt nur einmal richtig geschrieben, mit Namen, Größe, Gewicht, Datum und Uhrzeit, am besten noch die Ähnlichkeit und Art der Geburt und Foto. Dann jeweils nur noch kopieren! Das sind die Daten, die alle wissen wollen! Sonst wird hundertmal nachgefragt! Alles einmal allgemein formulieren und nur noch kopieren! Zwei Bekannte haben das erste Kind bekommen und nur geschrieben, wie es heißt. Ich kenne die zwei gut und habe dann, um sie etwas zu testen, alles einzeln nachgefragt. Gemein, ich weiß, aber ich fand es lustig.

Die Karten nach den Geburten an die Pflegerinnen und Hebammen habe ich natürlich auch selbst geschrieben, zum Beispiel: Unsere gesunde und süße Tochter ist jetzt schon wieder vier Tage auf der Welt und sie ist ganz eine Ruhige und Zufriedene. Das ganze Gegenteil zu dem, als sie im Bauch war ... Das Stillen klappt jetzt auch schon gut und wir dürfen morgen nach Hause. Es war eine Geburt von sehr wechselnden Gefühlen und Momenten, aber doch angenehm, da wir so herzliche, offene und kompetente Hebammen, Lernende und Ärzte hatten. Wir möchten uns ganz herzlich bei Euch allen bedanken. Für die lieben und aufmunternden Worte, die Scherze zwischendurch, für die Geduld, für die Kompetenz und Informationen, wie es weitergeht, für das Ernstnehmen der Schmerzen und Ängste ... Für die ganz herzliche Pflege von Euch allen ... Wir haben uns trotz wechselnder Gefühle immer gut betreut und sicher gefühlt! Das trägt so viel dazu bei, diesen schönen Moment der Geburt einfach unvergesslich zu machen! Vielen Dank und macht weiter so!

Mir war es immer sehr wichtig, alles aufzuzählen und alles zu loben, da sie mich wirklich so gut betreut haben während der Probleme in der Schwangerschaft und auch am Ende der Schwangerschaft mit dem Hin und Her der Kleinen und natürlich während der Geburt und im Wochenbett. Sie haben sich sehr darüber gefreut!

Das Feiern der Geburt des Kindes ist natürlich wichtig, wenn die Freunde und Verwandten zum Bäumli stellen (in der Schweiz) kommen. Dann sind die Frauen noch im Spital, die Männer und alle Gäste feiern. Ich habe einfach immer gesagt, dass es wieder aufgeräumt und ordentlich sein soll, wenn ich dann nach Hause komme. Das hat recht gut geklappt. Die Männer sind in den ersten Tagen nach der Geburt meist genauso übernächtigt wie die Frauen, wenn sie aus dem Spital kommen, aber vor lauter feiern und einen ausgeben und nicht vom Stillen…

Ich habe zum ersten Besuch immer alle ins Spital kommen lassen. Da kann man im Bett liegen und es erwartet keiner, dass man Kaffee und Kuchen auftischt. Es konnten immer alle die Zwerge auf den Arm nehmen und sie bestaunen und der erste Ansturm war durch. Dann stehen nicht alle in den ersten zwei Wochen zu Hause auf der Matte, wenn man noch am Ein- und aneinander-Gewöhnen ist. Und wenn jemand nach Hause zu Besuch kommen wollte, habe ich denjenigen gebeten, etwas zum Kaffee mitzubringen. Traut euch! Keiner wird Nein sagen! Ich hatte schon vor der Geburt Plätzchen und Kuchen in Reserve gekauft. Auch heute noch, wenn ich mich mit meinen Freundinnen mit Babys und Kindern treffe, bringt diejenige, die kommt, etwas vom Bäcker mit. Man ist ja sowieso schon unterwegs.

Es dauert immer zwei bis vier Wochen, sich nach der Geburt kennenzulernen, auch noch beim vierten Kind, bis man weiß, was das Schreien, die Geräusche und alles bedeuten, da jedes Kind anders ist!

Vor der Geburt meines dritten Kindes sind doch irgendwelche, wahrscheinlich männlichen, Sesselpupser der Krankenkassen darauf gekommen, bei den Fallpauschalen nach der Geburt auch den Spitalaufenthalt zu kürzen, d.h. nach einer Spontangeburt ohne Komplikationen hat man drei Tage, nach einem Kaiserschnitt fünf Tage. Dafür hat man bis zum elften Tag täglich Anspruch auf eine Hebamme seiner Wahl. Zur Erklärung für alle, warum das völliger Blödsinn ist: Der Milcheinschuss kommt zwischen dem zweiten und vierten Tag nach der Geburt. Bei mir immer erst am fünften Tag. Ich oder mein Körper brauchen da extrem lang, aber dann kommt dafür umso mehr. Man kennt sein Kind noch nicht so gut. Man hat noch Mühe mit sich selbst und den Hormonen, das Kind meldet sich recht häufig, damit die Milchproduktion angeregt wird und dann soll man nach Hause. Es wird einem vor dem Austritt von der Stillberatung erklärt, dass man während der ersten Tage beim Milcheinschuss vor dem Stillen warme Feuchtkompressen auflegen soll, damit es sich löst und die Milch gut fließt und nach dem Stillen kühle Pastaboli- oder Quark-Kompressen auflegen soll, damit es sich beruhigt und dass jedes Mal! Und genug essen und ausreichend schlafen sowie genug trinken soll man natürlich auch! Ich hatte dann schon Erfahrungen beim dritten Kind und konnte es recht locker angehen, aber trotzdem war es doch zu früh, um nach Hause zu gehen. Mit allem, was man machen sollte und mit Kind und Haushalt, ist es unmöglich, auch nur die Hälfte davon einzuhalten! Entweder die Vorher- und Nachher-Wickel oder Essen machen und trinken und schlafen. Das alles macht sich ja schließlich nicht im Schlaf! Im Spital ist man doch noch anders betreut. Da kann man für die vorbereiteten Umschläge vorher und nachher klingeln und auch das Essen und Trinken werden einfach hingestellt. Nach zwei bis vier Tagen hat sich die Milchproduktion ja meist schon reguliert. Aber diese Tage sind sehr mühsam. Ich habe dann zu Hause etwas aufgebracht und mit großer Sorge um die Frauen, die zum ersten Mal Mutter werden, einen gepfefferten Brief an die Krankenkasse geschrieben und ihnen den unsinnigen Sachverhalt aus meiner Sicht geschildert. Die Antwort war leider sehr knapp ausgefallen: „Vielen Dank für Ihre Stellungnahme, wir werden diese an die richtigen Stellen weiterleiten. Alles Gute weiterhin." Das hat mich sehr verärgert. Ich habe dann nichts mehr gehört. Es müssten schon viel mehr solcher Briefe geschrieben werden, damit sich da etwas ändert. Außerdem bin ich nicht unbedingt der Meinung, dass mit dieser Regelung das Stillen wirklich gefördert wird, wenn die Frauen schon überfordert nach Hause gehen und nur einen „Telefonjoker" haben, da die Hebamme ja auch nur maximal einmal pro Tag kommt. Im Spital ist bei Unsicherheiten immer jemand da und kann helfen und Tipps geben. Egal, ob es um das Ansetzen des Kindes an die Brust geht oder Sonstiges rund ums Stillen. Ich würde sagen, dass viel mehr Frauen dadurch schneller aufgeben und auf Fläschchen umstellen, aber das wird wohl nicht von Statistiken erfasst.

# Nach der Geburt und der Ärger mit dem Gewicht

Nach jeder Geburt war ich immer so aufgedreht und stolz, dass ich sicher erst mal fast 24 Stunden nicht wirklich schlafen konnte. Ich habe dann nur dieses kleine perfekte Menschlein bestaunt und es im Arm gehalten und gekuschelt. Die Zwerge riechen immer so gut. Man kann es nicht beschreiben, nur wenn man es selbst schon mal gerochen hat, kann man es verstehen. Sogar beim vierten Kind ist es mir so gegangen! Auch die Hebammen fanden es wunderbar, dass es mir nach dem vierten Kind immer noch so ging und ich vollkommen glücklich und fasziniert war! Ich habe vor Freude geweint, als unser Zwerg da war! Vielleicht auch, weil ich wusste, dass es mein letztes Kind sein wird, mein letztes kleines Wunder. Ich freue mich schon auf Nichten und Neffen und dann Enkelkinder…

Wenn der Zwerg dann endlich auf der Welt ist, kann man auch wieder ganz viele Sachen zur Erinnerung machen. Zum Beispiel Fuß- und Handabdrücke jedes Jahr einmal. Alle Zeitungen von jedem Geburtstag aufheben … Ich habe immer eine Sammelkiste gemacht für jedes Kind. Da sind die Zeitungen drin für später zum 21. Geburtstag zum Beispiel, das finden sie bestimmt interessant, der erste Nuckel, der Lieblingsstrampler, der Mutterpass, die Abdrücke und vieles mehr.

Ich habe auch für jedes Kind ein Fotobuch von Anne Geddes gekauft. Es heißt „Meine ersten 5 Jahre" und wird jedes Jahr neu herausgegeben. Es enthält viele schöne Fotos, leere Foto-Seiten und viele Anregungen, zu denen man Notizen machen kann. Sehr schön als kleines Fotoalbum zum Zeigen bei den Verwandten oder auch zum Verschenken zur Geburt an Freunde oder Bekannte.

Ich habe mindestens jedes halbe Jahr ein Foto von allen Kindern gemacht und von jedem Kind eines an seinem Geburtstag mit Kuchen und Kerze, damit man zum Beispiel für die Großeltern und Paten Fotokalender basteln kann.

Ich hatte bei jedem Kind ein kleines Schreibheft meist beim Telefon liegen. Dort habe ich, immer wenn der Zwerg etwas Neues konnte, alles mit Datum aufgeschrieben und dies, wenn ich mal Zeit hatte ins Fotoalbum oder ins Anne-Geddes-Buch übertragen. Darin habe ich immer aufgeschrieben, wenn sie Blödsinn gemacht haben oder etwas ganz Spezielles gesagt haben, zum Beispiel für später für die Hochzeit oder so.

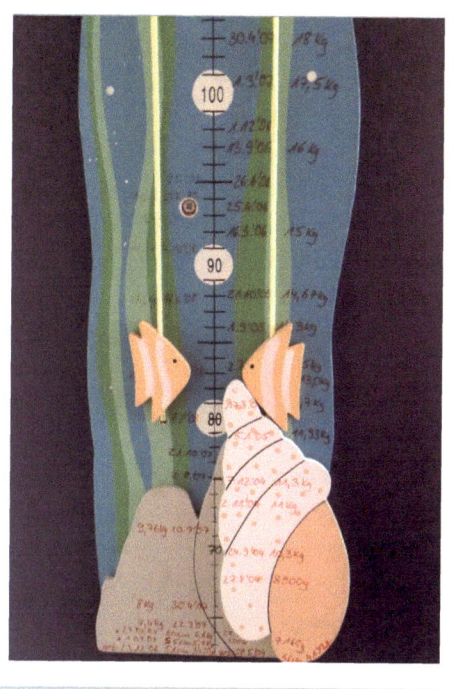

Es gibt für jeden eine Messleiste am Schrank. Dort sieht man diese regelmäßig und vergisst das Messen nicht. Darauf stehen Größe, Gewicht und natürlich das Datum!

Nach jeder Geburt ist der Rückbildungskurs sehr wichtig. Es gibt verschiedene Kurse. Anmelden kann man sich meist direkt im Spital oder privat, zum Beispiel bei Cantienica oder anderen. Die wichtigste Kontrolle ist nach acht Wochen beim Frauenarzt. Dann sollte man auch gleich wieder mit Verhütung nach der Geburt anfangen oder sich informieren. Es gibt eine Antibabypille, die man auch während des Stillens nehmen kann. Außer, man möchte gleich wieder ein Kind. Vorsicht, nur mit Stillen kann man nicht verhüten. Wenn die Krankenkasse die Rückbildung nicht zahlt, dann verschreibt sie auch der Arzt. Mögliche Kurse für Mutter und Kind sind z. B. Babyschwimmen oder ein Massagekurs.

Man muss die Kinder unbedingt auf der Passstelle oder ggf. der Botschaft anmelden. Das Lustige ist, dass die Pässe biometrische Fotos von den Kindern in einem Alter von vier Wochen enthalten und diese bleiben, bis sie zehn Jahre alt sind. Wir müssen immer wieder lachen, wenn wir die Fotos anschauen. Man kann die Kinder auf den Fotos auf jeden Fall wiedererkennen. Wichtig ist es, vorher genau abzuklären, welche Papiere nötig sind und mitgebracht werden müssen. Wenn nur eines fehlt, muss man noch mal später wiederkommen.

Natürlich sind auch die Termine beim Kinderarzt für den Hörtest und den Beckenultraschall wichtig, genau wie die allgemeinen Untersuchungen und die Impfungen. Man sollte sich überlegen, ob man impfen will oder nicht und ggf. mit dem Kinderarzt Pro und Kontra besprechen und abwägen. Darüber gibt es für mich selbst keine Diskussion! Natürlich impfen! Es schadet nicht, es schützt! Oh ja, die erste und manchmal auch zweite Nacht nach der Impfung ist es für alle besser und ruhiger, wenn das Baby bei Mami schläft. Das habe ich jedenfalls so gemacht. Bei meinen Kindern war das so, nicht wegen der Nebenwirkungen, eher wegen der Situation und des Stichs beim Kinderarzt, aber das haben alle nach einmal schlafen wieder vergessen. Sie hatten vielleicht mal einen Tag etwas Fieber, aber sonst nichts. Meine Kinder wissen, dass es dazugehört, und reagieren beim Kinderarzt kaum auf die Impfung. Am besten sollte man die Kleinen direkt nach dem Stich in den Arm nehmen und mit ihnen kuscheln, ein Fläschchen oder die Brust geben. Dann ist es schnell vergessen.

Schon bei Babys kann man Kinästhetik anwenden, also physiologische Bewegungsabläufe, zum Beispiel kann man sie beim Wickeln und Anziehen drehen und nicht heben. Dies zeigen sie Euch gern in einem Babypflegekurs, im Geburtsvorbereitungskurs oder nach der Geburt im Spital.

Heutzutage badet man die Babys nur noch zweimal pro Woche oder bei Bedarf. Wichtig ist, dass man die Ohren mit extra Babyohrenstäbchen auch nach dem Baden trocknet. Die Babys lieben es, mit Lotion eingecremt und massiert zu werden. Die Fingernägel habe ich, als sie klein waren, immer mit einem Nagelkneifer geschnitten. Am besten, wenn sie schlafen, dann zappelten sie nicht herum. Direkt nach der Geburt in den ersten Wochen reicht es, wenn man ein- bis zweimal am Tag die Nägel mit Lotion eincremt, dann bleiben sie weich und die Kleinen kratzen sich nicht. Ab einem Alter von einem Jahr geht es recht gut mit dem Schneiden der Nägel, wenn sie auf dem Schoss sitzen. Wichtig beim Waschen und Trocknen sind immer die Hautfalten am Hals, in den Achseln, den Leisten, der Kniekehle und den Babyspeckfalten. Wenn hier mal etwas rot ist, dann hilft es, gut zu waschen, trocken zu föhnen und mit Bepanthen einzucremen. Wenn sie noch klein sind, sammeln sie zwischen den Fingern und Zehen täglich mehrmals Fusseln und wenn sie die Händchen im Mund haben, kleben diese fest.

Um die Temperatur des Babys zu kontrollieren, ob sie zu warm angezogen sind, kann man einfach mit dem Finger die Nackenfalte tasten. Wenn sie zu warm angezogen sind, ist diese vom Schwitzen feucht, wenn es gut ist, dann ist sie nur warm und trocken. Wenn man das Gefühl hat, dass die Kinder Fieber haben, sollte man an den Bauch oder Rücken fassen. Zu Beginn muss man noch nachmessen und mit der Zeit merkt man es selbst ohne Thermometer.

Immer, wenn ein neues Familienmitglied dazukommt, muss jeder erst wieder seinen Platz finden. Am schwierigsten ist es für die zuvor Geborenen. Sie waren die Kleinsten und Behütetsten und hatten die meiste Aufmerksamkeit, jetzt müssen sie diese teilen. Oh, das ist nicht so leicht, plötzlich nicht mehr die Nummer eins zu sein und alles teilen zu müssen. Es ist noch entspannt, wenn die Kleinsten nicht krabbeln können und nichts wegnehmen oder spielen können, aber wenn es so weit ist, wird es erst mal ein halbes Jahr schwer für die nächstgrößeren.

Auch die Geschwister müssen sich nach jeder Geburt finden. Bei uns hat es sich jetzt gerade so ergeben, dass es passt, wenn sie sieben bis acht Jahre auseinander sind, wenn sie jünger oder älter sind, dann nerven sie nur. Sie haben sich allein gefunden und können gut miteinander reden und sich auch zusammen beschäftigen.

Nach der Geburt gibt es immer diesen Ärger mit dem Gewicht. Bisher erreichte ich nach jedem Kind innerhalb von sechs Monaten wieder mein Ausgangsgewicht. Nach dem vierten Kind klappte das irgendwie gar nicht. Schon war ein Jahr rum und ich hatte immer noch acht Kilogramm zu viel! Ich finde einfach keine Zeit, etwas für mich zu machen, zum Beispiel Rad fahren oder schwimmen gehen. Volleyball zu spielen habe ich versucht, es macht mir Spaß. Da ich aber seit 13 Jahren nicht mehr gespielt habe, na ja, bin ich einfach grottenschlecht. Das müsste dann schon eine Spaß-Mannschaft sein. Ich bin schon am Überlegen, was mir Spaß machen würde, Squash vielleicht? Das habe ich noch nie gemacht, aber vielleicht wäre es cool. Vorher war ich oft Rad fahren um den See, früher ein- bis zweimal die Woche. Das hält fit. Und schwimmen gehe ich sowieso gern. Der Mittwochabend wäre meine Zeit. Vor dem dritten Kind habe ich auch angefangen, Akkordeon zu spielen, aber dann fehlte mir durch die Arbeit die Zeit zum Üben und ehrlich gesagt bin ich abends, wenn die Kinder im Bett sind, froh, meine Bastel- oder Foto-Sachen machen zu können oder einfach nur auf dem Sofa zu sitzen. Aber das Akkordeon läuft ja nicht weg. In vier Jahren sind morgens alle aus dem Haus, dann habe ich wieder Zeit. Ich nehme meine Kinder gerne als Ausrede, dass ich den ganzen Tag über schon genug rumflitze, da muss ich nicht auch noch als Hobby joggen gehen.

Mit dem Hund, den wir auch seit einem Jahr haben, gehe ich gern am Abend, wenn die Kinder im Bett sind, mal laufen. Aber ehrlich, ein Hund ist anstrengender als zwei Kinder! Wieso? Weil der immer, wirklich immer beschäftigt werden will und immer um einen rum ist. Das ist nicht böse gemeint, aber als Tipp, wenn ein Hund gekauft werden soll, dann erst, wenn die Kinder alle im Kindergarten und der Schule sind! Dann hat man am Vormittag Zeit und bei Bedarf einen Ersatz. Ich hätte jetzt lieber noch ein Kind, das wäre weniger anstrengend als ein Hund. Da sagt man zwar auch manches hundertmal, aber es ist doch ganz anders. Ich mag den Hund, aber anstrengend ist er trotzdem. Ich bin dann doch eher der Katzentyp! Sie machen ihr Ding und kommen nur zu einem, wenn sie was wollen.

Ich hoffe, im Sommer finde ich eher mal wieder Zeit, was für mich zu machen oder dann ab August, wenn die Dritte in den Kindergarten kommt. Die Hoffnung stirbt zuletzt … und die Kilos müssen noch runter …

# Stillen – das spezielle Thema, Speikinder, der Mutterschaftsurlaub

Es gibt verschiedene Positionen zum Stillen, diese werden einem im Spital von den Schwestern oder der Stillberaterin gezeigt. Probiert sie am besten alle einmal aus und ihr werdet schnell feststellen, welche für euch und euer Kind am besten funktionieren! Es klappt auch nicht jede Position mit jedem Kind.

Es gibt so viele Varianten mit Stillen oder einer Ersatzmilch. Es muss auch jeder selbst merken, ob er der Typ ist, welcher in aller Öffentlichkeit stillen kann oder sich doch lieber zurückzieht. Ich konnte das nicht. Ich habe mich dann immer in ein anderes Zimmer oder ins Auto zurückgezogen und ganz in Ruhe gestillt und gewickelt. Andere packen einfach ihre Brust aus, egal wie viele Menschen drum herum sind. Ich habe ihre Offenheit bestaunt, aber hätte das selbst nicht gekonnt. Wenn wir bei uns zu Hause Besuch hatten, bin ich ins Nebenzimmer zum Ansetzen und habe dann ein Noschi darüber gehängt, wenn es nötig war und ich wieder zum Besuch wollte. Ich bin da recht speziell und nicht so offenherzig.

Es gibt Frauen, die das Kind immer stillen bzw. füttern, wenn es Hunger hat und dann gibt es welche, die das Kind fix alle vier Stunden stillen. Das ist auch jedem selbst überlassen. Wählt das, was euch am besten liegt. Mir war es lieber, wenn das Kind über den Tag öfters gestillt wurde, dafür am Abend aber satt war und nachts geschlafen hat. Die Milchproduktion war damit aber immer wieder mal schwierig, weil nachts dann automatisch so eine lange Pause entstand. Da musste ich oft nachts einmal abpumpen und hatte bei Bedarf Reservemilch für den Tag.

Es gibt Mamas, die vollmotiviert sind und das Kind bekommt es nicht hin mit dem Ansetzen und Saugen. Also die Milch abpumpen und mit der Flasche geben. Ist doch okay, wenn es nicht anders geht. Es ist so oder so Muttermilch.

Dann gibt es die Frauen, die gern möchten, aber nicht genug Muttermilch haben, also stillen oder abpumpen, was da ist und den Rest hinzu füttern. Man kann versuchen, die Milchproduktion anzukurbeln, zum Beispiel mit Malzbier oder einem Glas Prosecco und natürlich Stilltee, zwei Tassen pro Tag. Jede Stunde ansetzen oder abpumpen regt auch an und es gibt noch viele andere Möglichkeiten. Es muss einem einfach selbst wohl dabei sein! Wenn man stündlich ansetzt oder abpumpt, und dass über einen Zeitraum von zwei bis drei Tagen, fühlt man sich wie ein Zombie. Das hatte ich auch einmal... Vorsicht, abstillend wirkt Pfefferminztee!

Dann gibt es die Mütter, die es versucht haben und es so mühsam fanden, dass sie beim zweiten Kind gar keine Lust mehr haben, es überhaupt zu versuchen. Oder die Frauen, die es gar nicht wollen, auch gut! Es gab eine Zeit, da war das Stillen gar nicht angesagt, die Kinder sind mit Ersatzmilch gefüttert worden und trotzdem groß geworden! Das war, als ich geboren wurde der Fall, und ich habe trotzdem keine Allergien. Und heutzutage gibt es so gute Ersatzmilch! Das wichtige Kuscheln, der Körperkontakt und die Nähe mit der Mama entstehen auch beim Fläschchen-Geben!

Es kommt immer auch auf das Kind an. Ich hatte vier Kinder und beim Trinken waren alle vier verschieden! Einer hat im Liegen trinken können, ohne Pause und ohne Bäuerchen, aber er war bei der Geburt schon riesig und hatte immer großen Hunger! Somit kam ich mit der Milchproduktion manchmal nicht nach und musste zu füttern. Einer war ein Speikind, er erbrach fünf bis sechsmal am Tag im hohen Bogen. Wenn man dachte ‚Hey, jetzt sollte es gut sein' und ihn nach allen Tricks, die es da gibt, versorgt hatte, dann kam wieder fast alles retour. Auch da wird es schwierig, genug Muttermilch zu haben, also habe ich auch zu gefüttert. Dann hatten wir die Dritte mit verkürzten Lippenbändchen, der somit das Saugen schwerfiel, und ich hatte immerzu entzündete und schmerzende Brustwarzen, da helfen Stillhütchen. Und dann unsere Schläferin, ständig ist sie beim Stillen eingeschlafen, obwohl sie noch nicht satt war. Da hilft Zwischenwickeln, damit sie wieder wach werden und weiter trinken. Das war manchmal ein ewig langes Trinken. Also lasst euch nicht verrückt machen! Jeder muss seinen Weg finden und es gibt bestimmt noch viele andere Varianten.

Wenn ihr jetzt merkt, dass das Abpumpen für euch besser geht, weil eure Brustwarzen so empfindlich sind oder ständig Brustentzündungen entstehen und es mit dem Abpumpen weniger werden, dann halt abpumpen und mit Fläschchen geben. Auch hier bleibt es Muttermilch! Das Abhärten der Brustwarzen geht zum Beispiel mit abgebrühten Schwarzteekompressen – die Teebeutel auflegen oder nach dem Stillen mit dem letzten Tropfen Muttermilch die Brustwarzen einreiben und es eintrocknen lassen und vieles mehr …

Ich kenne Frauen, die auf der Entbindungsstation gearbeitet haben und immer der Meinung waren, stillen kann jeder, wenn man sich nur Mühe gibt und durchhält. Dann haben sie ihr erstes Kind bekommen und es ging eben nicht so einfach, obwohl sie vollkommen motiviert waren! Aber das Kind muss auch mitmachen. Sie waren plötzlich nicht mehr so extrem eingestellt. Es gibt nicht nur Schwarz oder Weiß!

Und ich hatte bei meinem Speikind eine fast schon fanatische Stillberaterin. Damit ich genug Milch haben könnte, sollte ich stündlich ansetzen und genug essen und trinken, noch Stillkekse backen und einen speziellen Stilltee mischen und dann noch genug schlafen. Oh ja, und das natürlich neben der Beschäftigung des ersten Kindes, der Arbeit und dem Haushalt. Ich bin nie wieder zu ihr in die Sprechstunde! Ich habe eine andere Stillberaterin gesucht und gefunden, eine mit normaler Einstellung!

Die Stilleinlagen sind sehr wichtig, es reichen aber die günstigsten, da man sie sowieso immer wieder wechseln muss. Man wechselt sie beim Milcheinschuss eigentlich bei jedem Stillen oder auch zwischendurch, wenn sie nass sind, dann später einfach ein- bis zweimal pro Tag.

Man kann beide Seiten beim einmaligen Stillen geben oder abwechselnd nur rechts oder nur links stillen. Es kann auch wechseln, das kommt auf die Menge der Muttermilch an und auf den Appetit des Kindes. Das Baby hat zwischendurch immer mal Wachstumsschübe und dann trinkt es meist vermehrt Meist muss man die Milchproduktion wieder etwas ankurbeln. Der Trick, wenn man immer nur auf einer Seite stillt, um sich zu merken, welche Seite dran ist: Einfach den Still-BH auf dieser Seite nicht einhängen. Wenn man nur rechts oder links stillt, weiß man oft nicht mehr, welche Seite nun das letzte Mal dran war, das kenne ich nur zu gut!

Ich hatte einfach immer einen verspäteten Milcheinschuss, normal findet er drei bis vier Tage nach der Geburt statt, bei mir war es erst am fünften Tag. Aber dann kam umso mehr. Das Unangenehme beim Milcheinschuss ist, dass die Milch anfängt zu laufen, sobald das Baby auch nur schreit, in jeder Situation, wenn man dann die Einlagen vergessen hat, ist das T-Shirt klitschnass. Manchmal läuft es auch schon, wenn ein fremdes Kind schreit. Am besten immer erst nach dem Stillen duschen, sonst läuft das gute Zeug weg, weil das warme Wasser den Milchfluss auslöst. Das ist aber wieder gut zu wissen, wenn man einen Milchstau hat, eine Verhärtung der Brust. Meist ist das nur stellenweise, dann kann man warmes Wasser unter der Dusche darüber laufen lassen und mit der Hand die Verhärtung ausmassieren. Wenn man allerdings eine gerötete, verhärtete Stelle hat, helfen vor dem Stillen feuchte Wärme und nach dem Stillen Pasta-Boli-Wickel oder Quark-Wickel. Wenn das Baby satt ist, sollte man die Brust dann ganz leer pumpen. Bei der Stillberatung im Spital sollte man sich bei einer teilweisen oder ganzen Rötung der Brust schon telefonisch melden. Wenn dann Fieber dazukommt, muss man sofort das Spital anrufen und meist auch ins Spital fahren, um die Brust zu zeigen, denn das ist dann oft eine Brustentzündung. Manchmal muss man sogar Antibiotika nehmen. Das hatte ich leider bei jedem Kind einmal...

Für empfindliche oder entzündete Brustwarzen oder Schlupfwarzen gibt es auch Stillhütchen, das sind Silikonhütchen in Brustform, welche man zum Stillen einfach aufsetzen kann, diese bekommt man bei der Stillberatung, der Apotheke oder der Hebamme. Aber auch hier gibt es einiges zu beachten und man sollte sich am besten schon nach der Geburt im Spital beraten lassen.

Ich fand es immer sehr herzig mit meiner zweieinhalbjährigen Tochter, als ich die Kleinste gestillt habe. Sie hat dann auch oft das T-Shirt auf einer Seite heruntergezogen und ihren Bären gestillt. Es ist besser als stillende Mutter auf blähendes Obst und Gemüse zu verzichten. Steinobst, Zitrusfrüchte und scharfes Essen muss man auch ausprobieren. Viele Kinder bekommen von einigen dieser Sacher, wenn Mama sie isst, Blähungen und Bauchschmerzen. Hier ist es nötig zu testen, was man essen kann ohne dass es dem Kind Probleme bereitet. Einmal hat sie sogar meine Handpumpe genommen und bei sich Milch abgepumpt, weil das Bärli noch geschlafen hat, so süß.

Sogar jetzt stillt sie noch ab und zu ihren Teddybär. Es ist verblüffend, was die Zwerge so alles mitbekommen und abschauen.

Meine Tipps rund um das Stillen und das Fläschchen: Sehr praktisch sind Pulverportionierer fürs Fläschchen für unterwegs, die

gibt es in der Drogerie oder der Apotheke. Am Einfachsten ist es, wenn man Wasser abkocht, in die Flaschen füllt und abkühlen lässt und dann noch eine Thermoskanne mit heißem Wasser hinstellt. So kann man es mischen und hat die perfekte Wassertemperatur fürs Fläschchen in wenigen Sekunden. Wenn es zu warm ist, einfach kurz in kaltes Wasser stellen oder kaltes abgekochtes Wasser nachgeben. Das Wasser sollte man bis zur Vollendung des ersten Lebensjahres immer abkochen. Auch für unterwegs geht das Mischen am besten und am schnellsten. Mit dem Fläschchen Wärmer dauerte es mir viel zu lang mit einem schreienden, hungrigen Kind auf dem Arm. Meine Kleinste mochte ab dem ca. fünften Monat keine warmen Fläschchen, vielleicht etwas lauwarm, aber wenn es nach ihr ging, gern nur Zimmertemperatur. Ganz speziell. Ich habe für das Einfrieren der Muttermilch Eiswürfelbeutel benutzt, dann kann man die Milch schön portionieren! Ich bin der festen Überzeugung, dass man keinen Sterilisator für Flaschen oder Nuckel braucht. Einen Kochtopf mit Wasser auf den Herd und bei Bedarf etwas Essig wegen der Kalkflecken, abkochen und fertig.

Wenn ihr ein Speikind habt, macht beim Stillen auch öfter Pausen und lasst euer Kind Bäuerchen machen, damit es nicht zu schnell trinkt und das Sättigungsgefühl schneller kommt. Das funktioniert mit dem Fläschchen genauso. Wenn das alles nicht hilft und das Bäuerchen auch nicht ausreicht, dann nach dem Essen mit leicht erhöhtem Oberkörper, 30–40 Grad, für 30 Minuten hinlegen. Mein Sohn hat nachts immer auf meiner Brust geschlafen. Ich habe im Halbsitzen geschlafen und damit ging es besser und der Wäschehaufen war kleiner. Im Bett oder beim Bäuerchen entweder große Tücher unterlegen oder Handtücher, das spart auch Bettwäsche oder Kleidung. Wenn dann immer so viel Milch wieder retour kommt, ist es auch oft schwierig genug, Muttermilch zu haben, da man die doppelte Menge braucht. Bei manchen geht das und bei anderen nicht! Ich musste zufüttern, aber das, was ich hatte, bekam er, und wenn nichts mehr da war und er Hunger hatte, musste es halt Ersatzmilch sein.

Der Mutterschaftsurlaub in der Schweiz. Es ist verrückt, dass man vom Gesetz aus, nur zwei Wochen vor der Geburt frei hat und schon zwölf Wochen nach der Geburt wieder arbeiten gehen muss. Das ist doch wirklich nicht mehr zeitgemäß, dass man davon ausgehen kann, dass die Frauen sowieso zu Hause bleiben. Sie möchten, dass man stillt, aber man hat gar nicht die Möglichkeit dazu. Sobald man wieder arbeiten geht, ist es nur schwer möglich. Es tut einem in der Seele weh, den Zwerg schon nach 12 Wochen abgeben zu müssen, um arbeiten zu gehen. Ich hatte das Glück, dass ich unbezahlten Urlaub nehmen konnte und es so meist mindestens vier Monate waren, bis ich wieder arbeiten musste. Aber selbst dann ist es mir mehr als nur schwergefallen, die Kleinen zurückzulassen. Aber ohne Geld geht es auch nicht. Außerdem war es mir wichtig, nebenbei noch ein wenig zu arbeiten. Dieser Beruf ist so schnelllebig. Es hat sich schon nach vier Monaten immer so viel verändert. Außerdem brauche ich diesen Ausgleich. Versteht mich nicht falsch, ich liebe meine Kinder und ich genieße es, mit ihnen zu Hause zu sein und zu basteln, zu malen und zu spielen. Aber ich brauche auch diese Abwechslung, den Ausgleich, die Anerkennung, das Gespräch mit Erwachsenen, mal nicht Mutter sein. Manche von euch werden mich jetzt verstehen und andere vielleicht nicht, aber es ist meine Entscheidung. Obwohl ich zugeben muss, dass mein Beruf zurzeit mit 40 % nur noch eine angenehme Abwechslung darstellt und eher zu einem Hobby geworden ist. Aber es ist genau richtig so. Es stimmt zurzeit genauso für mich. Ich schaffe zu Hause alles und habe Zeit für die Kinder, aber komme nicht ganz aus dem Job raus. Aber man bekommt schon verdammt wenig mit, wenn man nur 40 % arbeitet. Immer, wenn ich mal auf der Arbeit bin, sind fast alle Patienten wieder neu. Ich kann mich nur erkundigen, was aus den anderen geworden ist, und wieder neu starten. Aber ein Gutes hat es, man kann sich bei den Langliegern einplanen lassen und die anderen werden mal etwas entlastet. Man ist ja nur zwei oder maximal drei Tage pro Woche da und dann wieder eine Woche nicht. Ich gehe gern Arbeiten, ich liebe meinen Job.

# Die Grundbedürfnisse der Babys und Kinder: Wickeln bei Bedarf, der Schlaf, das Essen und Kuscheln

Manche Eltern wickeln ihre Kinder alle drei bis vier Stunden. Das ist nicht nötig! Es reicht das Wickeln bei Bedarf. Bei Stuhlgang sowieso und sonst einfach, wenn die Windel voller Urin ist. Vorbeugend, und wenn der Po wund ist, hilft am besten die Wundcreme in der blaugoldenen Metalldose. Bei starkem Durchfall oder wenn der Stuhlgang mal wieder bis ins Genick läuft, helfen nur abduschen, trocknen und cremen oder Salbeitee! Und glaubt mir, das können die Zwerge, sogar die ganz Kleinen.

Es ist wirklich verblüffend, wie viel diese kleinen Wesen trinken können. Wenn man sich überlegt, dass sie zum Beispiel mit sechs Monaten ca. sechs bis sieben Kilogramm wiegen und jeden Tag vier- bis sechsmal 140-200 ml trinken. Das ist schon verrückt, wenn man das im Vergleich zur Körpergröße betrachtet. Und das kommt dann natürlich auch wieder raus. Manchmal sammeln sie zwei bis drei Tage und dann kommt alles auf einmal. Man sieht nur einen roten Kopf und hört ein Geräusch vom Drücken und dann läuft es am Rücken hoch bis ins Genick. Wir haben oft gelacht, weil das wirklich unglaublich ist. Es kommt auch vor, dass man sie am Morgen aus dem Bett holt und der ganze Rücken nass ist und die Windel ist übervoll vom Urin, egal, ob Marken.- oder No-Name-Windel.

Ich habe nur Newborn gekauft und dann immer No-Name. Wenn uns einmal jemand teure geschenkt hat, habe ich natürlich auch nicht Nein gesagt, aber nötig ist es meiner Meinung nach nicht.

Das ist so eine Sache mit dem Stuhlgang. Man merkt genau, wenn sie müssen. Sie sind ganz ruhig und dann drücken sie und bekommen einen roten Kopf und es ist einfach zu herzig. Und es stinkt, der Wahnsinn! Ein so kleines Wesen kann so stinken.

Dann kommt die Zeit, in der sie mit sechs Monaten und mehr beim Wickeln nicht mehr ruhig liegen wollen. Egal, wie viel Routine man hat und wie schnell man ist, sie zappeln und drehen sich und machen es einem wirklich sehr schwer. Vor allem, wenn die ganze Windel und der ganze Hintern voll sind und man das nun wirklich nicht überall haben möchte. Am besten gibt man ihnen irgendwas zu spielen. Eine Tempo-Packung oder die Packung Feuchttücher, Hauptsache es knistert und geht in den Mund. Ab einem gewissen Alter geben sie einem dann die Feuchttücher raus, das heißt, sie haben Spaß daran und rupfen einfach alle raus.

Der Große hat uns beim Wickeln oft angepieselt. Da der Zweite eine OP am Schnulli benötigte, hat er sich bis dahin ein Jahr lang immer selbst auf die Brust oder ins Gesicht gepieselt, das hatte ich schon fast vergessen.

Ab dem Alter von ca. zwei Jahren schämen sich die Zwerge, wenn sie groß müssen und noch in die Windeln machen. Sie verstecken sich in einer Ecke oder hinter dem Sofa beim Geschäft machen, dann kommen sie wieder vor und stinken.

Mit dem Trockenwerden ist es auch völlig unterschiedlich, manche Kinder sind sehr schnell und andere brauchen lange, aber plötzlich geht es. Ich habe es immer über den Sommer geübt. Einfach im Slip ohne Windel im Garten oder der Wohnung (ohne Teppich) rumflitzen lassen und ein Töpfchen in die Nähe stellen. Einfach immer wieder loben und sagen wie gross sie doch schon sind, wenn es mal geklappt hat. Im Winter habe ich es auch versucht, aber durch die Kälte ging es zu oft daneben. Beim Zweiten musste ich sogar mit Gummibären locken. Er war einfach zu bequem. Das heißt, wenn er in das Töpfchen oder das WC mit Aufsatz pieselte, hat er immer eins bekommen und beim Stuhlen sogar 3 Gummibärchen. Die ersten zwei Tage hat er sie immer bekommen und auch sofort danach gefragt, wenn es geklappt hat. Dann ist er einfach so gegangen und hat mal gefragt und hat eins bekommen, wenn er nicht gefragt hat, bekam er auch keins. Und so ging es vier bis fünf Tage, dann ging er aufs WC und fragte nicht mehr. Glitzersticker als Belohnung haben bei den anderen immer gereicht und funktioniert, aber für ihn war das kein Anreiz.

Da ich keine Kinder mit Blähungen hatte, ist es schwer für mich, darüber zu schreiben. Es soll gut funktionieren, wenn man das Fläschchen mit ganz dünnem Fencheltee anrührt oder spezielle Nahrung oder Sauger auf der Flasche verwendet. Eine Kollegin hat alles probiert, Fencheltee und Kamille, auch Buscopan gegen Krämpfe und Kügeli und vieles mehr, dann hat sie die Babynahrung umgestellt und es war gut.

Ich hatte dafür zwei Kids mit Durchfällen und habe viel Elektrolyt-Lösung gebraucht und sie hatten dadurch natürlich auch oft wunde Hintern.

Ich habe mich, als ich noch keine Kinder hatte, immer gefragt, warum die Eltern am Hintern des Kindes riechen und mir gedacht, dass ich das nicht machen werde und siehe da, das erste Kind und man macht es automatisch, es spart Windeln und ist die einfachste Kontrolle, ob man wickeln muss.

Das Wickeln nach dem Trinken ist eher unpraktisch, da die Milch häufig wieder rausschwappt beim Hin- und Herdrehen oder beim An- und Ausziehen. Wenn man es verhindern kann, dann lieber vorher oder dazwischen. Aber ab und zu kommen eben gerade erst nach dem Trinken der rote Kopf und die volle Windel, nach dem Motto: Oben rein und unten raus …

Wenn die Nase der Zwerge mal läuft, dann ständig. Man muss immer in Reichweite sein zum Putzen, sonst läuft das Zeug in den Mund. Oder wenn sie niesen, dann hängt eine riesige Schnotterspur manchmal bis zum Kinn. Kaum zu glauben, dass sie so viel produzieren können. Der Sohn einer Freundin war als Kleiner unschlagbar darin. Wenn er geniest hat, dann konnte man nur in Deckung gehen …

Der Schlaf, erst mit dem ersten Kind weiß man, mit wie wenig Schlaf man auskommen kann. Man ist müde und mag nicht, aber trotzdem glücklich, sobald man den Zwerg sieht! Auch nach dem fünften Mal aufstehen in vier Stunden kann man dem Zwerg einfach nicht böse sein. Wir hatten viel Glück! Unsere Zwerge haben nach vier bis sechs Wochen durchgeschlafen. Außer natürlich unser Speikind, obwohl man auch nach dem Erbrechen müde ist. Also mit Durchschlafen meine ich von 22 Uhr bis 6 Uhr oder von 20 Uhr mit einer Mahlzeit bis 8 Uhr! Das ist für mich Durchschlafen! Also acht Stunden am Stück oder 12 Stunden mit einmal essen. Perfekt! Da fühlt man sich auch selbst noch wie ein Mensch! Aber ich kenne auch ganz andere Geschichten.

Der Große und die Dritte sind die Festschläfer, wenn sie eingeschlafen sind, kann man daneben sogar mit der Motorsäge arbeiten, haben wir probiert. Sie haben sowieso beide gern geschlafen. Am Abend um 19 Uhr ins Bett und bis 8 oder 9 Uhr geschlafen und um 12.30 Uhr schon wieder Mittagsschlaf. Wir mussten sie am Nachmittag sogar wecken. Die anderen zwei sind das pure Gegenteil. Sie schliefen nachts zwar gut, aber haben einen leichteren Schlaf. Und mittags waren sie schon nach ein bis zwei Stunden wieder wach. Wenn die Kinder im Auto eingeschlafen sind, dann waren die zwei Tiefschläfer auch einfach rauszunehmen und ins Bett zu tragen. Es hat sie nie interessiert. Bei den anderen Zweien hat es manchmal geklappt, aber meist wurden sie wieder wach und waren fit.

Unsere Zwerge haben zwei bis vier Monate bei uns im Elternbett in der Mitte geschlafen. Das war praktisch, da ich zum Stillen nicht unbedingt aufstehen musste. Nur wenn sie die Hose voll hatten, bin ich mit den Zwergen in die Stube zum Frischmachen. Aber alles nur mit einem Nachtlicht und ganz in Ruhe, ohne viel Spaß oder Sonstiges, es war ja Nacht! Ab einem Alter von ca. vier Monaten haben sie dann neben unserem Bett im Stubenwagen geschlafen. Sobald sie zu groß für diesen waren, stand das eigene Bett im Kinderzimmer. Sie bekamen noch ein getragenes T-Shirt von uns dazu und so hatten wir nie Probleme, dass sie nicht im eigenen Bett schlafen wollten.

Ich habe von der Geburt eines meiner Kinder an, nachts immer alles im Flüsterton gemacht, mit weniger Worten und im Halbdunkeln, damit sie von Beginn an den Unterschied merken. Keine Ahnung, ob das geholfen hat, aber für mich hat es so gestimmt!

Man horcht immer, wenn man nachts munter wird, ob der Zwerg atmet. Da gibt es zwei Typen von „Atmern". Einerseits sind da die Babys, bei denen man kein Geräusch hört. Man muss dann aufstehen und schauen gehen oder die Hand drauflegen, um zu merken, ob sie atmen. Zudem gibt es die Lautatmer. Diese sind meine Favoriten. Man wacht nachts auf, muss sich nicht bewegen und nicht mal die Augen öffnen und hört sie schon laut atmen, perfekt, weiterschlafen. Auch beim vierten Kind geht man, wenn irgendwas ungewöhnlich ist, nachts oder auch beim Mittagsschlaf noch nachschauen. Zum Beispiel, wenn es plötzlich länger schläft oder sogar durchschläft, da ist eine gewisse Angst, die dann in einem hochkommt, weil man ja doch auch immer mal wieder vom plötzlichen Kindstod liest. Erst, wenn sie dann regelmäßig durchschlafen, kann man auch selbst ruhig durchschlafen.

Wenn die Babys nicht einschlafen oder unruhig schlafen, kann man einfach ein getragenes T-Shirt der Eltern zum Kuscheln mit ins Bett legen! Hat bei mir immer gut funktioniert! Es ist dann fast so, als wäre man mit im Bett. Sie riechen einen und kuscheln das T-Shirt an sich. Das geht schon direkt nach der Geburt!

Im Winter kann man das Bett mit einer Wärmflasche vorwärmen, damit sie nicht aufwachen, wenn man sie aus dem warmen Arm nimmt und ins kalte Bett legt, das hilft sehr gut.

Leon hat zum Einschlafen immer mit dem Finger an den Waschschildchen von dem Plüschtier gespielt, die durfte ich bei ihm nicht abschneiden. Der Große wollte diese dafür nie an seinen Tieren. Er nuckelte sich in den Schlaf. Paula schlief oft kniend mit dem Po nach oben und den Armen zwischen den Beinen durch.

Beim ersten Kind kann man über den Tag noch mitschlafen, wenn der Zwerg unregelmäßig schläft oder es eine kurze, strenge Nacht war. Das sollte man auf jeden Fall tun und genießen. Ab dem Zweiten ist das nicht mehr so einfach. Dann geht es nur, wenn das Zweite auch noch am Mittag schläft oder wenn jemand hüten kommt. Der Mittagsschlaf hat mir bei dem zweiten und dritten Kind oft gutgetan, wenn die Nächte wegen einer Erkältung oder schlechter Träume kurz waren. Ich habe es genossen. Beim vierten Kind war es schon wieder schwieriger, da die dritte Maus keinen Mittagsschlaf mehr machen wollte. Sie war nur mal zu einer Pause auf dem Sofa so eine halbe Stunde zu überreden. Na ja, das muss dann halt auch reichen.

Bei mir waren meist nur die ersten ein bis zwei Monate vom Schlafen her wirklich streng, bis wir uns gefunden hatten und bis erst mal ein Rhythmus in den Tagen und Nächten vorhanden war. Dann wurden die Nachtschlafphasen immer länger bis zum Durchschlafen der Zwerge. Wenn ich nachts nur zwei- bis dreimal auf musste, war es schon eine gute Nacht und ich fühlte mich am nächsten Tag gut. Es gab natürlich auch kurze, strenge Nächte, dann war ich am Morgen alles andere als fit! Auch jetzt gibt es noch Nächte, in denen ich oft auf muss, aber das sind Ausnahmen. Meist ist dann die Kleinste krank, hat Schnupfen und Fieber und bekommt keine Luft oder die Großen sind krank, das ist nicht so oft! Aber eben, ich kann mich wirklich nicht beschweren.

Eine Kollegin von mir hat seit zwei Jahren schon keine Nacht mehr durchgeschlafen und muss immer bis zu fünf- oder sechsmal pro Nacht auf, also bin ich ganz schnell ruhig und dankbar!

Wenn die Kinder trocken werden sollen, helfen für eine kurze Zeit Windelhöschen, wenn sie tagsüber schon trocken sind. Diese können sie nachts vor dem WC einfach allein runterziehen und lernen es so schneller. Und plötzlich geht es auch nachts ohne Windeln.

Die Kinder können es meiner Meinung nach lernen, überall zu schlafen, wenn man es selbst entspannt nimmt mit dem Schlafen oder Aufbleiben außerhalb. Unsere Kinder haben immer überall geschlafen, wenn wir unterwegs waren. Im Autositz, im Buggy, auf dem Sofa oder im Nebenzimmer im Bett bei Freunden. Sie kannten es so und ich glaube nicht, dass es ihnen geschadet hat.

Für uns war es sehr entspannt. Das ist eine Einstellungssache der Eltern, finde ich! Nicht so, wie manche, die um 20 Uhr nach Hause müssen, weil das Kind nirgendwo anders schläft oder die nichts zur Mittagszeit ausmachen können, weil sie zum Mittagschlaf wieder zu Hause sein müssen. Ich habe es genossen, dass ich das nie musste!

Speziell ist bei uns die Zimmeraufteilung. Sie hängt vom Einschlafen der Kinder ab. Zurzeit haben wir den Großen in einem Zimmer, da er gern zum Einschlafen seine Ruhe hat und kein Licht oder Radio möchte. Die ganz Kleine ist genauso, aber sie wird eben ab und zu wach und kann deshalb nicht mit dem Großen im Zimmer schlafen, da er zur Schule geht und seinen Schlaf braucht. Die anderen zwei wollen nicht alleine schlafen und brauchen ein Nachtlicht und eine Einschlafgeschichte von Kassette oder CD. Also schlafen die zwei zusammen in einem Doppelstockbett. Ich bin da flexibel, dafür schlafen sie ruhig und haben keine Angst allein. Sonst ist das aber eigentlich das Mädchenzimmer und das, wo der Große schläft, das Jungenzimmer.

Es ist ein Wahnsinn, was für Grimassen oder Gesichter die kleinen Babys im Schlaf ziehen können. Von böse bis traurig und von wimmernd bis erstaunt, sogar einen Spitzmund können sie machen. Man könnte ihnen stundenlang beim Schlafen zusehen. Das macht man auch als Mutter und vergisst dabei völlig den eigenen Schlaf. Da muss man aufpassen und sich auch mal zum Schlafen zwingen. Am schönsten ist natürlich das Engelslachen im Schlaf. Aber wenn sie dann auch ganz bewusst im Wachzustand mit oder über die Eltern oder Geschwister Lachen, ist das fantastisch.

Die Schlafpositionen der Kinder sind manchmal so lustig. Wenn sie richtig müde sind, schlafen sie überall und in jeder Position. Ich sage immer, je tiefer der Schlaf, desto biegsamer das Kind. Da hat es auch schon schöne Fotos gegeben.

Wenn sie einfach nicht schlafen wollen, motzen und immerzu andere Einfälle haben und wieder rauskommen, dann einfach mal die Zeit nehmen, sich mit ins Bett kuscheln und den Zwerg streicheln und sagen, dass man ihn lieb hat und einfach in den Arm nehmen. Dann kann man nach einiger Zeit sagen, dass man jetzt aufsteht und eine gute Nacht wünschen. Das klappt recht gut, auch nicht immer, aber meistens. Das ist vielleicht ein- bis zweimal im Monat nötig, dann geht es wieder zwei Wochen gut.

Der Föhn beruhigt, die schöne warme Luft am besten auf den nackigen Bauch, aber Vorsicht, dass sie nicht lospieseln! Auf der Waschmaschine funktioniert auch gut zum Einschlafen, das Schleudern oder einfach das wackeln. Ohne Windel strampeln ist sowieso das Schönste, da sie nicht eingeengt sind und richtig zappeln können.

Ich bin außerdem der Meinung, dass Kinder schlafen, wenn sie satt sind. Manchmal brauchen sie dann auch eineinhalb Fläschchen vor dem Schlafen. Meine Kleine wollte ich mit 14 Monaten auf Milch und weniger Schoppen umstellen. Nach zwei Wochen hat sie am Mittag und auch nachts weniger geschlafen. Ich habe zurückgewechselt und jetzt schläft sie wieder durch und auch normal zwei bis drei Stunden am Mittag. Nur zwei Monate später ging das Umstellen mühelos.

Jeder kennt doch die Sehschlitze vor dem Einschlafen, aber ja nicht nachgeben, kämpfen, bis es gar nicht mehr möglich ist, die Augen auch nur einen Millimeter zu öffnen. Und dann endlich der entspannte Gesichtsausdruck des Schlafs.

Das Essen der Babys und Kinder. Ich habe die Breie selbst gekocht. Darüber gibt es gute Bücher! Ich habe immer alle Komponenten einzeln gekocht und in Eiswürfelformen eingefroren. Wenn es gefroren war, wurde es in Dosen oder Beutel verpackt und angeschrieben, fertig. So kann man alles gut portionieren und zusammenstellen, je nach Geschmack, Vorlieben und Alter des Kindes. Das Vorkochen für einen Monat ist so auch gut möglich!

Und bitte, wenn ihr Vegetarier seid oder noch strenger, lasst eure Kinder Fleisch essen. Sie können dann selbst entscheiden, wenn sie alt genug sind, ob sie kein Fleisch mehr wollen. Auch wenn jetzt wahrscheinlich einige mit dem Kopf schütteln. Ich kann das nicht verstehen, wie man den Kindern Fleisch und andere Nahrungsmittel vorenthalten kann, wenn sie keine Unverträglichkeiten haben. Sie brauchen so viele Stoffe für ein gesundes Wachstum.

Von 0 bis ca. 5/6. Monat oder auch länger ist die Milch Phase, da bekommen die Babys nur Muttermilch oder Fläschchen und abgekochtes Wasser oder dünnen Fenchel oder Kamillentee. Dann kommt die pürierte Brei Phase, bei der man die Zwerge füttern muss und je nach Alter gibt man dann Jogurt dazu. Mit der Zeit kann man die Breie immer etwas grober belassen, aber schön weich zum Zerdrücken kochen. Dann kann man den Reis weich und ganz lassen und die Nudeln und Kartoffeln nur noch mit der Gabel zerdrücken. Mit Keksen kann man mit ca. 3/4 Jahr starten. Es ist eine Abwechslung und dort gibt es spezielle Sorten, welche nicht krümeln, sondern nur aufweichen, damit sich die Kleinen nicht verschlucken.

Neben dem Essen reicht für Babys abgekochtes Wasser oder ungesüßter Tee zum Trinken. Bei uns gibt es immer noch zu allen Mahlzeiten nur Wasser, Mineralwasser oder ungesüßten Tee. Es ist wichtig, dass sie genug trinken. Am besten auch tagsüber die Trinkflasche so hinstellen, dass sie die Flasche jederzeit selbst nehmen können, sobald sie krabbeln, und sonst immer wieder anbieten. Es geht ab einem Alter von einem Jahr auch Saft, einfach halb Wasser, halb Saft, aber natürlich nicht vor dem Essen. Ab einem Jahr kann man dann Kuhmilch geben. Erst halb mit Wasser und dann unverdünnt.

Zum Essen sitzen sie gut im Flitzauto oder im Trip Trap. Es dauert eine Woche, bis sie Brei essen können und wissen, wie das mit dem Löffel, der Zunge und dem Schlucken geht. Aber nicht aufgeben! Sie lernen das schon. Am Anfang essen sie auch maximal Nahrung in der Menge von drei bis vier Eiswürfeln und es dauert recht lange. Von Woche zu Woche geht es dann immer schneller und besser. Honig, Kuhmilch, Nahrungsmittel mit Nuss und Süßes haben meine Kinder erst ab einem Jahr bekommen oder später.

Morgens vor der Schule oder dem Kindergarten müssen sie immer etwas essen, zum Beispiel Müsli, Cornflakes, einen Smoothie, Joghurt oder was da ist. Für die Frühstückspause müssen sie Obst oder Gemüse mitnehmen und einen Müsliriegel, Bel Vita, Brötchen, Nüsse oder Reis- oder Maiswaffeln, und es gibt noch so viel mehr. Sie dürfen es selbst sagen, welche zwei Komponenten. Meine Kids bekommen oft Obst oder Gemüse mit einem Dip zum Zvieri am Nachmittag. Sie mögen fast alles.

Wir backen gern Kuchen und Plätzchen zusammen oder sie helfen beim Kochen.

Bei uns gibt es eine Tischordnung. Jeder hat seinen Platz. Die Kinder müssen sitzen bleiben bis drei mit dem Essen fertig sind und ab einem Alter von ca. dreieinhalb Jahren immer ihren Teller, das Besteck und die Tasse abräumen. Beim Tischdecken oder Abräumen müssen sie auch mithelfen.

Es wird von jedem Essen wenigstens probiert, erst dann können sie sagen, ob sie es gernhaben. Manchmal sind sie überrascht, dass sie es doch mögen, obwohl es komisch riecht oder aussieht. Es hängt viel davon ab, was die Erwachsenen über das Essen sagen. Wenn sie hören, dass die Großen es nicht gernhaben, lehnen sie es auch eher ab. Wenn man aber selbst alles probiert und dann nur sagt, dass es nicht zum Lieblingsessen gehört, weil jeder etwas Anderes mag, dann entwickeln sie ihren Geschmack. Wenn wir eingeladen sind oder im Restaurant essen, dann nehmen wir das nicht so ernst. Dann gibt es auch mal Limonade oder Cola. Das wissen die Kinder natürlich. Im Restaurant dürfen sie Vorschläge machen, aber wir entscheiden, was es gibt und was nicht.

Ich muss immer wieder das Mittagessen machen und man sollte jeden Tag Ideen haben, und abwechslungsreich kochen wäre auch noch schön. Schwierig, ich bin da oft eher einfallslos. Ich koche zwar, aber ich muss zugeben, dass ich lieber backe. Also habe ich eine Liste gemacht. Ich habe alle Essen und Lieblingsessen zusammengetragen. Jetzt kann ich immer wieder darauf schauen und für eine Woche einkaufen, was wir oder die Kinder ausgesucht haben oder mal wieder essen wollen. Das macht es viel einfacher. Wenn mein Mann nicht da ist, gibt es auf jeden Fall die Sachen, die wir mögen, aber die er nicht gern hat.

Zum Abendessen gibt es meist Brot, Wurst und Käse. Aber auch mal Suppe oder so. Sie wissen, dass sie auf jeden Fall eine Scheibe Brot essen müssen, aber sie können wählen, was sie darauf möchten.

Mein Baby Keks zum selbst machen. Sie bröseln nicht und sind eher zum Lutschen… Mein eigenes Kinder Leckerli- Rezept:

4 Eier, 250 g Puderzucker, Prise Salz, 550 g Mehl, getrocknetes kleingehacktes Obst (z. B. Apfel oder Banane) oder Rüebli dazu, 24–48 h an der Luft trocknen, bei 140 Grad 20 min backen. Meine Kinder haben sie gemocht und gern gegessen.

Die Löffelphase mit dem Füttern der Kleinen ist die mühsamste Zeit. Man muss sich immer Neues ausdenken um sie zu motivieren. Und plötzlich wollen sie nicht mehr gefüttert werden, dann machen sie den Mund nicht mehr auf oder wollen selber mit den Händen essen. In dieser Zeit haben sie gern Nudeln und weiches Gemüse, sowie Wienerli, alles was man eben selbst mir den Fingern in den Mund stecken kann. Der Essbereich und das Kind sehen hinterher aus wie ein Schlachtfeld. Wichtig ist, dass man dort keinen Teppich hat, der Rest lässt sich wegputzen und das Kind lässt sich umziehen. Sie wollen plötzlich keinen Jogurt mehr, weil sie diesen nicht selbst essen können, sondern damit gefüttert werden müssen… Dass etwas gernhaben oder nicht mögen ist auch phasenweise.

Ab eineinhalb Jahren essen sie selbstständig mit dem Löffel. Aber meine Emilie wollte immer mit einer Gabel essen! In dem Alter essen die fast alles, gern und viel.

Mit drei bis vier Jahren ist die Mäkel Phase! Dann essen sie kaum etwas, meckern an allem rum und haben nichts gern.

Meine Paula isst nicht gern Pizza, Fachitas, Pommes und nicht gern Mc Donalds! Alle andern Kinder lieben es ab und zu mal! In den Ferien in Italien und Spanien gab es für sie dann immer Nudeln…

Auch später bemerkt man immer wieder Phasen, in denen sie kaum etwas essen oder sie haben richtige „Fressphasen" in denen sie wachsen. Bei den Jungs ist dies sehr stark sichtbar, aber sie essen fast alles!

Ja, auch bei mir gibt es mal Momente, in denen ich überfordert bin. Meist liegt es aber dann daran, dass ich einige Nächte zu wenig Schlaf hatte oder selbst krank bin. Wenn dann die Kinder den ganzen Tag streiten oder rumschreien, weil auch sie zu wenig Schlaf hatten oder nur Blödsinn machen und nichts mit sich anzufangen wissen, dann komme auch ich an meine Grenzen. Was mir dann hilft, wenn ich mit den Kids allein zu Hause bin, ist, in ein anderes Zimmer zu gehen, zwei Türen zwischen uns zuzumachen und entweder in ein Kissen zu schreien und drauf zu klopfen, bis ich nicht mehr mag und dann wieder bis drei zu zählen und rauszugehen, oder ganz laut Musik zu hören und einfach dazu zu singen, um kurz abzuschalten. Patrik hatte im Alter von einem Monat bis ca. einem halben Jahr am Abend eine Phase, wo er einfach ein bis zwei Stunden geschrien hat wie am Spieß, wir haben alles versucht, eine Massage, rumtragen, schaukeln, wippen … Es änderte nichts. Wenn es mir da zu viel wurde, ging ich auch in ein anderes Zimmer und machte mal fünf Minuten die Musik laut und dann ging es wieder! Und natürlich mit dem Ehemann abwechseln, dann sieht er, wie es so ist den ganzen Tag und ihr könnt auch mal etwas Kraft tanken und verschnaufen. Wenn ihr ein Schreikind habt und an eure Grenzen kommt, weil das nicht nur ein bis zwei Stunden sind, dann holt euch Hilfe! Freunde, Verwandte, lasst sie doch ihre Ratschläge selbst ausprobieren, bis sie merken, dass es meist nicht klappt oder vielleicht doch … Meist nicht. Ihr müsst euch keine blöden Sprüche und Tipps mehr anhören und ihr geht in der Zeit eine Runde schlafen oder raus, damit ihr dann wieder Nerven und etwas Genugtuung habt …

# Krankheiten, Zähne, Allergien und Besonderheiten

Ich muss sagen, auch beim Zähne bekommen, sind alle verschieden. Der Große hatte meist eine Bronchitis, wenn die Zähne kamen. Der Nächste einen wunden Po oder Durchfall. Aber ich bin immer gut mit dem Zahngel zurechtgekommen oder mit einem feuchten, kalten Waschlappen zum Darauf-Herumkauen, oder einem Beissring, der im Tiefkühlfach runtergekühlt wurde. Man kann auch Kügeli oder ein Paracetamolzäpfchen geben, bevor sie ins Bett gehen.

Auch das Alter, in welchem die Zähne kommen, ist völlig verschieden. Ich habe das Datum aufgeschrieben, wenn die Zahnspitzen rausgeschaut haben und wenn der erste Zahn ausgefallen ist.

Eine Kollegin sagte mal zu mir, dass sie eher immer das Gefühl hatte, das Zahnen würde jucken, weshalb die Kinder durch Kauen und Beißen Erleichterung verspürten. Ich weiß es nicht, ich kann mich nicht erinnern und die Kleinen sagen es ja nicht.

Die Zahnfee: Die Kinder sind begeistert und megastolz, wenn der erste Zahn verloren geht. Die Jungs sind immer zu mir gekommen, wenn ein Zahn nur noch an einer Stelle hing, ich musste dann Zahnarzt spielen und ihn ziehen. Wir haben alle gesammelt, die wir finden konnten. Patrik hat einen beim Baden im See verloren und einem beim Schlafen, die waren einfach weg. Leon hat einen vom Großen beim Fußball rausgeschossen bekommen und einen bei der Kissenschlacht mit meinem Bruder verloren. Wir haben die Zähne gesammelt und wenn zehn Stück zusammen waren, kam die Zahnfee und sie haben ein Kinderkassettenradio bekommen oder Kassetten.

Das Zähneputzen ist auch so ein leidiges Thema. Eine Zeit lang geht es, dann muss man wieder hinterher sein wie verrückt oder sogar selbst putzen. Kontrollieren, ob und wie sie geputzt haben, muss man immer. Mir hat mal ein Zahnarzt gesagt, dass man das Zähneputzen bis zu einem Alter von 18 Jahren kontrollieren muss und dass manche Eltern sogar Zahnseide bei den Kids benutzen. Ich finde beides übertrieben. Ich glaube, wenn sie in der Lehre sind und selbst Geld verdienen, werden sie spätestens ab der ersten Zahnarztrechnung, die sie allein bezahlen müssen, immer ordentlich putzen.

Bei den Zahnarztbesuchen braucht mein großer Sohn, bei jedem noch so kleinen Loch, eine Spritze, für ihn geht es nicht ohne. Ich muss sagen, dass mir die Spritze mehr weh tut als das Bohren. Leon ist da genauso wie ich. Außerdem kenne ich es von meinen Eltern, zweimal im Jahr zur Kontrolle zu gehen, das müssen meine Kinder jetzt auch. Sie kennen es nicht anders, also ist es okay für sie.

Paula hat ein verkürztes Lippenbändchen. Früher haben sie das geschnitten. Heute lassen sie es so, außer wenn es später das Kind stört. Auf jeden Fall ist da das Putzen der Frontzähne am Anfang ein Kampf gewesen, weil das Lippenbändchen so kurz war und es ihr weh tat. Jetzt mit 4 Jahren geht es schon besser. Jetzt putzt sie auch schon selbst etwas und ich muss nur noch nachputzen.

Zum Schlafen gibt es maximal eine Wasserflasche zum Trinken. Wegen der Allergien oder Besonderheiten in Sachen Gesundheit habe ich auch ein Heft für alle 4 Kinder angefangen, in dem jeder fünf Seiten hat und diese speziellen Sachen stehen. Darunter sind Unverträglichkeiten bei Medikamenten oder beim Essen, spezielle Hautpflege oder besondere Vorkommnisse. Wie zum Beispiel eine gebrochene Hand, Zeckenbisse wann und wo, Kinderkrankheiten, Bienenstiche und so weiter. Das war schon oft wichtig bei Spitalaufenthalten, für den Babysitter oder für die Großeltern.

Paula hat Pseudokrupp. Beim ersten Mal war sie fast zwei Jahre alt. Ich hatte so etwas noch nie gehört. Tagsüber hatte sie schon so trockenen Husten, der sich heiser anhörte und mitten in der Nacht um eins hat sie so komisch geschrien und schnappte nach Luft und hatte blaue Lippen. Ich wusste schon, was es ist, aber das hört sich so fürchterlich an und macht einem beim ersten Mal richtig Angst. Wir sind dann unter die Dusche und ich habe das heiße Wasser angemacht. Durch die hohe Luftfeuchtigkeit hat es sich nur wenig beruhigt. So hatte ich das noch in der Ausbildung gelernt. Nach 45 Minuten war es mir nicht mehr wohl und ich habe im Kinderspital angerufen. Auf dem Weg ins Spital in der Winterluft im kalten Auto war es dann schon viel besser. Die Ärztin erklärte mir, dass man das mit der Feuchtigkeit nicht mehr unbedingt macht. Kalte, frische Luft beruhigt das Atmen am besten und ein Voltarenzäpfchen ist zum Abschwellen der Schleimhäute nötig. Das Zäpfchen gibt man zwei bis drei Tage lang jeden Abend vor dem Schlafen gehen, da Pseudokrupp meistens mitten in der Nacht auftritt. Es ist ein Virus, dass bei den meisten Menschen nichts auslöst, aber bei manchen die Atemwege zuschwellen lässt. Außerdem habe ich jetzt Notfall-Medikamente, falls sich die Schwellung durch Voltaren und frische Luft nicht bessert. Das Gute ist, dass Pseudokrupp meist im späten Herbst und Winter akut wird und die Luft dann draußen kalt genug ist. Das heißt, ich gebe ihr das Zäpfchen oder den Sirup, wir ziehen uns an und setzen uns kuschelnd und in Decken gepackt eine halbe Stunde auf den Balkon und schauen Sterne an, kuscheln, erzählen und warten ab. Wichtig ist, dass man als Elternteil ruhig bleibt, das überträgt sich auf das Kind und es atmet ruhig und tief. Das ist mir beim ersten Mal nicht gelungen. Jetzt ist es aber kein Problem mehr, da ich ja im schlimmsten Fall noch die Notfallmedikamente habe. Das gibt mir Sicherheit! Sie hat es meist im Winter einmal für zwei bis drei Nächte, aber mit den Tricks kommen wir gut zurecht.

Wenn meine Kinder krank sind und Fieber haben, dürfen sie essen und trinken, worauf sie Lust haben, meist sind es ja nur ein bis zwei Tage, an denen es ihnen richtig schlecht geht. Hauptsache, sie trinken viel, meistens wollen sie Sirup, Bouillon und Salzstangen, Popcorn, Suppe, Grießbrei oder Schokopudding. Einen Mittagsschlaf müssen sie dann alle machen und natürlich um 20 Uhr ins Bett. Wenn sie frieren, haben wir eine Ofenbank oder sie bekommen eine Wärmeflasche, und wenn ihnen heiß ist, können sie die Pullis und Hosen ausziehen. Sie bekommen ab 38,5 Grad immer etwas gegen das Fieber. Ich bin nicht der Kügelityp oder sage, da müssen sie durch, das hört von allein auf. Nein, da bin ich zu sehr Krankenschwester. Ich glaube an Medikamente, nicht zu viel und nicht unbedingt prophylaktisch, aber wenn es nötig ist, dann ja.

Es ist nicht so, dass ich nicht auch natürliche Sachen verwende oder ausprobiere, aber bei Fieber gebe ich Medikamente. Bei Fieber mache ich auch Wadenwickel mit Fieberwasser oder Essigwasser oder gebe ihnen Coldpacks unter die Waden. Bei Ohrenweh hilft Patrik am besten ein Zwiebelwickel auf das Ohr. Und bei Schnupfen bekommen sie oft nur Salzwasserspray. Außerdem schwöre ich auf dreimal am Tag Pulmex oder Pulmexbaby beim Start von Husten. Bei Durchfall bekommen sie Schokolade, Cola, Salzstangen und Reis, aber keine Milchprodukte. Bei Verstopfung erhalten sie Leinsamen oder Fruchtsäfte. Bei Übelkeit und Erbrechen bekommen sie auch immer gleich Itinerol dagegen, sonst essen und vor allem trinken sie nichts. Bei Halsweh helfen warme Milch mit Honig und ein Schal um den Hals und bei Husten hilft auch Zwiebelsaft mit Zucker oder Rübensaft mit Zucker.

An die Körperpflege muss man sie auch oft erinnern und sie duschen oder baden schicken. Ich verwende bei meinen Kindern bis zu einem Alter von sieben Jahren immer nur die gleiche Körpercreme, Excipial Lipolotion, und das gleiche Baby-Bad, außerdem bleibe ich beim gleichen Waschmittel und erst ab einem Jahr verwende ich Weichspüler für alle Sachen rund um das Baby. Vorher wasche ich die Babysachen separat.

Paula hat ein „Talent", sie wurde letzten Sommer ganze sechsmal von einer Biene in den Fuß gestochen. Die ganze Wiese kann grün erscheinen und sie findet garantiert die eine Blume mit der einen Biene und tritt darauf. Wir laufen viel barfuß, eigentlich immer, und mich haben in meinem ganzen Leben erst drei Bienen gestochen. Ich weiß, wer für das Verschwinden der Bienen verantwortlich ist… Der Kinderarzt sagt, das ist wie Immunisieren, erst bei vier bis sechs Stichen an einem Tag wird es gefährlich, naja, wenigstens etwas. Das Beste ist, das Kind auf einen Stuhl zu setzen, einen Eimer mit kaltem Wasser hinzustellen und es den Fuß für 20 Minuten reinhalten zu lassen, wie bei Verbrennungen, und dem Kind ein Eis in die Hand zu drücken, dann ist es schon gut und tut nicht mehr so weh. Ich glaube nicht, dass sie nächsten Sommer wieder barfuß laufen will bzw. sollte!

Bei Kindern sind Verbrennungen am schlimmsten. Einmal im Jahr verbrennt sich bestimmt eines der Kinder. Ich habe immer Coldpacks im Tiefkühlfach und Stilexsalbe zu Hause. Aber sie verbrennen sich garantiert dann, wenn ich die Salbe nicht dabei habe. Wichtig ist immer, mindestens dreißig Minuten zu kühlen, sonst bringt es nichts. Wenn man zu früh aufhört, dann „brennt" es nach und es gibt Blasen und Narben.

Wisst ihr, was völlig unpraktisch ist? Wenn alle krank sind, zum Beispiel Magen-Darm-Grippe oder eine Grippe haben und die Mama gleichzeitig auch! Das ist das Schlechteste, was passieren kann! Dann ist es für alle anstrengend, da durch die Krankheit keiner gut gelaunt ist und die Mama auch gern etwas Ruhe hätte oder nachts schlafen würde. Normalerweise ist es so, dass erst alle krank sind und zum Schluss erwischt es die Mama, wenn alle wieder durchschlafen, und dann geht es einigermassen. Aber manchmal haben es alle gleichzeitig, dann ist es wirklich schwierig. Wenn man selbst krank ist und nachts noch vier- bis fünfmal auf muss wegen Durst oder Zäpfchen oder Nasenspray oder Bett neu beziehen, dann geht es an die Substanz und mir schon mal auf die Nerven. Aber auch das geht vorbei und ich kann mich ja wirklich nicht beschweren! Eigentlich schlafen sie ja alle schon lange ganz durch, sicher seit Mitte 2015 von neunzehn bis sieben Uhr. Das ist genial und ich genieße es.

Wir waren auch viermal wegen eines Notfalls im Spital. Einmal hat mein damals dreijähriger Leon nicht essbare Beeren gegessen, als wir mit einer Freundin spazieren waren, seitdem kenne ich den Unterschied zwischen giftig und nicht genießbar. Jedes Kinderspital hat ein Buch über sämtliche Beeren und Pflanzen. Giftig bedeutet, dass der Magen ausgepumpt werden muss und man im Spital bleiben muss. Ungenießbar bedeutet, dass es vielleicht Durchfall und Bauchweh gibt und die Kinder viel trinken müssen, aber nach Hause dürfen. Man sollte aber auf jeden Fall immer einen Arzt fragen, ob das bei ungenießbar reicht, es kommt auch auf die Menge und das Alter der Kinder an.

Dann hat sich derselbe Dreijährige Salzstangen in die Nase gesteckt und geschrien wie am Spieß. Aber die waren so weit drin, dass ich nicht alle rausbekam. Man sollte wissen, dass die Salzstangen sich erfreulicherweise durch den Schnotter beim Weinen auflösen und dann nach ca. einer Stunde beim Niesen schlagartig herausschleudern. Gut für ihn, sonst hätte er wahrscheinlich einige unschöne Erfahrungen mit diesen speziellen Nasenzangen gemacht.

Außerdem hat sich dieser Dreijährige beim Herumtoben in der Kinderkrippe den linken Fuß so verdreht, dass er für eine Woche einen Gips zum Ruhigstellen tragen musste. Der damals sechsjährige Patrik hatte auch noch eine Lungenentzündung mit

Schmerzen beim Atmen, aber ohne richtig zu husten, und musste eine Woche mit Antibiotika im Spital bleiben. In diesem Jahr dachte ich wirklich über eine Zehnerkarte zum Abstempeln auf dem Notfall nach. Und das zehnte Mal gibt es gratis …

Patrik hat sich mit neun Jahren auch einmal den Mittelfußknochen vom großen Zehen beim Fußball angebrochen und einen Gips und Gehstöcke bekommen. Er durfte vier Wochen lang nicht auftreten. In die Schule musste er trotzdem. Da wir aber nur 300 Meter von selbiger entfernt wohnten, war das kein Problem.

Ich kann mich nicht beschweren, meine Kids sind nicht so oft krank. Die Jungs vielleicht nur ein- bis zweimal im Jahr. Wenn wir Glück haben, verschont uns die Magen-Darm-Grippe oder es erwischt uns einmal im Jahr und dann sind fast alle dran, genauso wie bei der Grippewelle. Kinderkrankheiten hatten wir bisher noch nicht so viele, aber die wichtigen. Windpocken sollte man lieber im Kindesalter haben.

Leon bekommt bei Zementstaub auf der Haut Nesselfieber. Das haben wir, als er zwei bis drei Jahre alt war, beim Hausumbau herausgefunden. Aber bis jetzt hatte er noch nicht wieder Beschwerden.

# Charaktere und Aussehen

Bei jedem Kind überlegt man sich, wie es wohl aussieht, welche Mischung welcher Charakterzüge, welche Augenfarbe und welche Haare es wohl haben könnte. Dann hat man zwei verschiedene Kinder und ist gespannt, was noch kommen kann und es wird wieder ganz anders, auch beim Vierten. Mal etwas mehr Mama, mal Papa, mal die eine Richtung und mal ganz anders. Echt unglaublich! Klar sind die guten Eigenschaften immer von einem selbst. Aber in manchen Dingen, egal ob gut oder weniger, sieht man sich einfach selbst wieder. Dann muss man wirklich ab und zu überlegen, ob man sich jetzt freuen soll oder nicht. Auch diese Blicke, manchmal wie der Papa oder die Mama, nur in klein, so herzig! Sie sehen sogar süß aus, wenn sie sauer sind und bocken. Wenn man dann lacht und sagt, das sieht so süß aus, haben sie es gar nicht gern. Es kommen auch manche Gesten und Wörter wieder zum Vorschein. Da hört oder sieht man sich selbst oder jemand anderen gleich wieder und muss sich doch das Lachen verkneifen.

Sogar im Bauch hatten sie schon ihre Eigenheiten. Der Älteste war immer in der gleichen Position, hat gestrampelt und mir auf den Magen gedrückt. Der Zweite war sehr mobil und hat gern Purzelbäume geschlagen, die Dritte hat immer mit dem Kopf nach unten gelegen und mir in den Magen und gern unter die Rippen getreten. Die Vierte war ein Wirbelwind im Bauch und hat ständig anders gelegen bis zur Geburt, heute so, morgen so, kreuz und quer!

Dem grossen Patrik haben sie im Spital freiwillig einen Nuckel gegeben, das machen sie sonst nicht gern. Er war am liebsten an der Brust und immer am Saugen, wenn er nicht Saugen konnte, meckerte er. Nuckel rein, Ruhe! Er war schon ein richtiges Nuckelkind! Und konnte, wie auch meine Paula, nicht ohne ihn sein. Beide hatten ihn immerzu gern im Mund und brauchten ihn auch unbedingt zum Einschlafen. Aber die Paula erzählte trotzdem wie ein Wasserfall, was der Patrik nie gemacht hat. Die anderen zwei brauchten ihn nicht. Ihnen reichte das Trinken aus der Flasche und zum Schlafen spielten sie meist mit dem Finger an einem Plüschtier oder mit dem daran befestigten Waschschildchen.

Kennt ihr diesen Moment, wenn der Zwerg gerade noch da war und man macht eine Kleinigkeit oder räumt die Wäsche weg oder befüllt die Waschmaschine und plötzlich ist er einfach weg? Und ihr schaut überall nach und nix, wie vom Erdboden verschluckt. Erst schaue ich nur, dann beginne ich zu rufen und normalerweise antworten die Kleinen dann ja auch freudig mit einem Ton oder mit einem Geräusch und verraten sich oder ihre Position damit. Aber nicht Paula, unsere Dritte, was habe ich da manchmal gesucht. Bis sie drei Jahre alt war, hat sie einfach nie geantwortet, egal, wie oft wir es ihr erklärten oder was wir versuchten. Wenn wir sie riefen, kam nix. Es gab eine Zeit, in der sie das Tor am Zaun öffnen konnte und einfach weg war, wenn man nicht aufpasste. Und sie als Einzige antwortete nie! Ich war das eine Mal kurz davor, die Polizei zu rufen und dann kam sie ganz ruhig angelaufen und grinste. Sie war beim Nachbarn im Garten im Sandkasten … Grrr … Jetzt ist sie fast vier Jahre alt und versteht, dass Sie antworten muss. Heute ging es mir mit Emilie so, ich habe nur schnell die Waschmaschine befüllt und weg war sie. Ich habe gesucht und dann gerufen und sie hat schon nach dem zweiten Mal geantwortet. Das ist entspannt! Und in dem Moment ist mir das mit Paula wieder eingefallen, es ist sicher erst ein Jahr her, dass sie anfing, zu antworten, aber ich hatte es schon wieder vergessen … Beim Wäsche sortieren war Emilie scheinbar unbemerkt an mir vorbeigegangen und hat sich in einer Ecke mit zwei Plastikflaschen und einer Kiste beschäftigt, aber wenigstens hat sie sofort geantwortet!

Auch bei der Ordnung, der Kleidung und den Hausaufgaben merkt man die Unterschiede. Patrik hatte schon immer Mühe in der Schule, er muss viel zusätzlich üben und es nervt ihn sehr. Bei ihm wurde dann eine Legasthenie bestätigt. Er hat auch immer eine riesige Unordnung auf seinem Schreibtisch. Bei den Hausaufgaben ist er sehr ordentlich, aber sehr minimalistisch, und bei der Kleidung weiß er genau, was er gern trägt, und zieht es direkt an. Er ist handwerklich sehr begabt und hat auch im Schulfach Handarbeit immer Freude und er hatte ab der vierten Klasse eine sehr schöne Handschrift.

Leon kann sich nie entscheiden, was er anziehen will, und hat zum Schluss einen riesigen Haufen sauberer Wäsche vor seinem Schrank liegen, den er auch gern so liegen lässt. Dafür wäre er in der Schule gut. Er hört Neues und merkt es sich sofort. Er muss nie zu Hause noch üben, er macht nur die Hausaufgaben, diese aber auch nur ganz schnell und oft unordentlich. Er hat aber gute Noten. Er hat eher eine Arztschrift, wie ich. Sein Schreibtisch ist ordentlicher. Handwerklich hat er dafür kaum Interesse, er würde am liebsten den ganzen Tag mit dem Computer oder dem Handy spielen, wenn er dürfte. Mein zweiter Sohn ist recht sensibel, er spielt nach außen den harten Mann, aber trägt doch viel mit sich umher. Da es ihn manchmal auch in der Schule beschäftigt und er sich dann nicht mehr konzentrieren kann, habe ich ihm einen Sorgenfresser gekauft. Wenn ihn was beschäftigt, kann er es notieren und hineinstecken und zum Besprechen dalassen. Beide sind sehr sportlich und lieben es, sich draußen auszutoben.

Paula war schon immer sehr schlau. Sie ist schon mit elf Monaten gelaufen und war immer etwas schneller, außer jetzt bei den Farben. Sie hat viel Fantasie bei Rollenspielen mit ihren Puppen und malt und bastelt gern. Sie redet wie ein Buch und ist schon sehr gut im Memory-Spielen. Sie freut sich auf den Kindergarten. Sie ist erst dreieinhalb und ich bin sehr gespannt, was ihre Stärken und Interessen sein werden.

Und unsere Kleinste Emilie ist jetzt ein Jahr alt. Sie ist auch sehr schnell in allem, läuft und sagt Danke und Bitte und schiebt sich einen Stuhl dahin, wo sie hoch möchte, und klettert überall hin. Sie kommt aber auch schon allein wieder runter. Sie steht noch ganz am Anfang und es wird interessant sein, was bei ihr noch alles passiert.

Aus den speziellen Eigenschaften, die sie hatten, als sie noch ganz klein waren, entstanden auch die Spitznamen. Unser großer Patrik war Mac Geifer, weil er immer gesabbert hat, das hat nur so getropft. Ca. vier bis sechs Kuscheltücher pro Tag waren klitschnass gesabbert. Unser Leon, das Speikind, hieß Mister Spuck, das ist selbsterklärend. Dann kamen Paula als Smiley und zum Schluss Emilie unser Schläfer und mit einem Jahr wurde sie dann Klettermaxe und auch Smiley genannt. Sie konnte noch nicht laufen, aber auf das Sofa, auf Stühle, Bänke und Tische konnte sie sehr wohl klettern und auch rückwärts selbstständig wieder nach unten kommen. Ihr Lieblingsplatz war zwei Monate lang der Küchentisch! Kaum hatte man sie heruntergenommen, war sie schon wieder oben. Ihre Spitznamen kennen alle Kinder natürlich jetzt auch und müssen immer lachen. Sie wissen auch den Mädchen- oder Jungennamen, den sie bekommen hätten.

Das Lachen ist bei jedem einzigartig und zum Dahinschmelzen. Meine Emilie ist jetzt wieder ein perfektes Beispiel dafür. Wenn man sie anlacht, dann sieht man genau die drei Stufen. Erst verändert sich die Augen- und Stirnpartie, dann strahlen die Augen und dann zaubert sie ein herziges Lachen auf ihren Mund und sie strahlt völlig. Jeder hat sogar seine eigene Lache. Der Eine normal, der Nächste wie Ernie und Bert, dann einmal ganz tief und einmal sehr hoch. Es ist faszinierend.

Die Haarfarbe war bei allen nach der Geburt schwarz. Zu Beginn wurden die Haare in den ersten Monaten dann immer weniger und alle wurden zunehmend heller und hellblond, bis sie ca. acht Monate alt waren. Zum Schluss waren zwei dunkelblond. Zwei waren auch mit über einem Jahr noch hellblond und dann wurde Leon aber auch plötzlich immer dunkler bis er dunkelblond blieb. Nur Emilie ist jetzt mit 2 Jahren noch strohblond, wie auch ich, bis ich ca. 13 Jahre alt war.

Auch bei den Ähnlichkeiten ändert es sich immer wieder. Die Erstgeborenen sehen meist dem Papa ähnlicher, das hat die Natur clever gemacht, aber mit der Zeit immer mal wieder auch der Mama. Manchmal erkennt man die Ähnlichkeiten nur in einem Grübchen oder einem Haarwirbel, der Augenpartie oder dem

Mund. Die Nächsten ähneln dann auch ab und zu ihren großen Geschwistern, aber auch das ist phasenweise. Wenn sie größer werden, kommen zu den Ähnlichkeiten noch Gestik, Mimik, Redensweisen oder der Gang dazu. Man erkennt immer mal jemand anderen. Aber man sieht, dass alle zur gleichen Familie gehören.

Die Lautstärke beim Brüllen oder beim Meckern und die Stimmlage sind auch völlig unterschiedlich. Einer schreit immer sehr laut, einer immer leise und als wäre er heiser. Eine schreit recht tief für ein Mädchen und die andere eher hoch.

Die Schmolllippe, das ist etwas, was wirklich jedes Kind kann. Kurz vor dem Schreien, wenn sie noch nicht so recht wissen, ob sie jetzt schreien sollen oder nicht, wird die Unterlippe vorgeschoben und das Gesicht verzogen und dann geht es los. Ich finde das so süß!

Jähzornanfall: Patrik hatte im Alter zwischen sechs und neun Jahren öfter richtige Jähzornanfälle. Wenn ihm etwas nicht passte, er etwas nicht bekam oder einfach müde war, dann konnte er sich auf extremste Weise wütend hinwerfen und schreien wie am Spieß. Er hat um sich getreten, Sachen geworfen und es war kein Herankommen an ihn möglich. Man konnte in diesem Moment nichts mit ihm besprechen oder diskutieren, auch Verbote auszusprechen brachte nichts. Am besten funktionierte es, ihn in sein Zimmer zu bringen, die Türe zu schließen und ihn einfach fertig zicken zu lassen, mit allem, was dazugehörte. Erst wenn er sich beruhigt hatte, konnte man wieder mit ihm reden und die Sachen besprechen und klären. Das war manchmal sehr schwer, selbst nicht auszuflippen, sondern einfach auszuhalten und abzuwarten. Mit ca. acht oder neun Jahren hat es sich gelegt. Klar kann er jetzt auch mal sauer werden und geht mit krachender Tür in sein Zimmer, wenn er sich beruhigt hat, kommt er von allein wieder raus. Mir hat mal jemand gesagt, wenn man anfängt, zu schreien und der Zorn einen übermannt, schaltet sich das Gehirn aus, bis man wieder herunterfahren kann. Erst dann kann man wieder vernünftig reden und denken. Diese Aussage hat mir dann immer geholfen.

Das Spazier-Gen: Meine Opas sind immer mit den verschränkten Händen auf dem Rücken herumgelaufen und das hat man sich eingeprägt. Sie sind jetzt auch schon wieder 15 oder erst zwei Jahre verstorben und unsere Jüngste hat doch tatsächlich mit 15 Monaten ab und zu diese Position beim Beobachten oder Laufen voll drauf, unbewusst und zufällig, aber so eindrücklich. Dieses Bild bringt in dem Moment so viele Erinnerungen zum Vorschein: Gesichter und Begebenheiten von damals. Wir nennen es aus Spaß das Spazier-Gen, denn gesehen haben kann sie es ja nicht! Das hat sonst kein Kind gemacht … So speziell und auf jeden Fall eine Erwähnung und Erinnerung wert! Mein Großer hat das mit drei oder vier Jahren auch gemacht, aber meist nur abgeschaut, wenn wir mit dem Uropa spazieren waren.

Es gibt das Mamikind und/oder Papakind. Manche Kinder sind einfach phasenweise sehr auf einen Elternteil bezogen. Das wechselt aber auch ab und sie merken, bei wem sie sich was „holen" können. Oft ist ein Elternteil mehr zum Kuscheln und der andere für Aktion zuständig. Manchmal hat ein Elternteil dann eine Zeit lang nicht so einen hohen Stand und muss sich ggf. auch erst mal wieder mehr Zeit nehmen für das Kind, damit sich das ändert.

Die Auffassungsgabe ist ganz unterschiedlich. Das merkt man ab einem Alter von drei oder vier Jahren schon gut. Was und wie viel bekommen sie mit? Was und wie schnell merken sie sich Sachen? Patrik war neugierig, aber nur bei Sachen, die ihn interessierten, machte er mit und fragte nach. Wenn man ihn zum Beispiel beim Sprechen korrigieren wollte und er es richtig sagen sollte, schaltete er sofort auf stur und sagte gar nichts. So brauchte er recht lange, bis die Satzstellung und die Wörter stimmten. Leon hingegen hatte eine sehr schnelle Auffassungsgabe. Er konnte schon im Kindergarten lesen, schreiben und rechnen bis 20. Er hat sich alles beim Großen abgeschaut. Er bekam das einfach mit und merkte es sich sofort. Er ist auch heute noch klar im Vorteil in der Schule. Und bei Sprachen sehr begabt. Paula plappert mit drei Jahren schon wie eine Große und gibt manchmal Antworten, da muss man erst mal staunen. Aber bei den Farben kennt sie nur Rosa, Pink und Lila. Das hat sie

nicht von mir, ich mochte Rosa nie. Sie hat große Mühe mit Rot, Blau und Grün. Ich weiß nicht, ob sie die Farben nicht unterscheiden kann oder nur zu bequem ist. Das wird sich im Verlauf noch zeigen. Unsere kleine Emilie ist auch schon sehr schlau. Mit einem Jahr schiebt sie sich den Stuhl zurecht, damit sie hochklettern kann, wo sie es möchte. Sie kommt auf die Eckbank, die Küchenzeile und den Tisch. Ich bin gespannt, was ihre Stärken werden und wie ihr Charakter wird. Wahrscheinlich auch wieder ganz anders und doch wiederzuerkennen.

Meine zwei großen Jungs hatten immer ihr Lieblingsplüschtier. Das musste immer dabei sein. Natürlich war es nie das, welches ich am besten fand und von dem ich extra drei gekauft habe, falls mal eines verloren geht … Immer die Einzelstücke, welche von jemandem geschenkt wurden, der nicht mehr weiß, wo sie her sind. Na ja, wir haben sie ja glücklicherweise immer wiedergefunden. Einmal bei Patrik die Fritzimaus und bei Leon den Bobbybären. Die waren wirklich überall mit dabei, jeden Tag in der Kinderkrippe und in den Ferien und jedes zweite Wochenende bei ihrem Vater, bis zur dritten Klasse. Bei der Maus ist schon zweimal der Bauch neu aufgesetzt, da dieser durchgewetzt war und beim Bär sicher schon alle Beine zwei- bis dreimal neu angenäht und auch jetzt sitzen die Plüschtiere noch mit im Bett oder sie sind nötig zum Schlafen. Sie bleiben aber immer in ihren Betten. Paula hat ihre Kuscheltücher (Noschis) und immer mal ein anderes Plüschtier. Emilie hat am liebsten meine T-Shirts zum Kuscheln, dann schläft sie auch wie ein Stein!

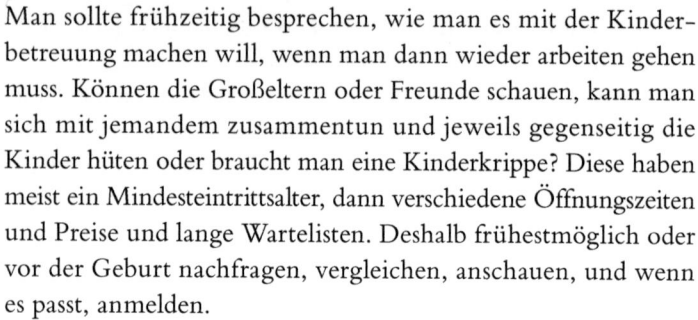

# Kinderbetreuung

Man sollte frühzeitig besprechen, wie man es mit der Kinderbetreuung machen will, wenn man dann wieder arbeiten gehen muss. Können die Großeltern oder Freunde schauen, kann man sich mit jemandem zusammentun und jeweils gegenseitig die Kinder hüten oder braucht man eine Kinderkrippe? Diese haben meist ein Mindesteintrittsalter, dann verschiedene Öffnungszeiten und Preise und lange Wartelisten. Deshalb frühestmöglich oder vor der Geburt nachfragen, vergleichen, anschauen, und wenn es passt, anmelden.

Wenn ihr Großeltern oder Schwiegereltern in der Nähe habt, nutzt diese Ressourcen, auch wenn ihr sie vielleicht nicht mögt oder sie nerven, dann können sie den oder die Zwerge einfach zwei- bis dreimal pro Woche ausfahren oder bei sich zu Hause hüten. Und wenn man gut auskommt umso besser!

Ab und zu sollte man Babysitter engagieren, um vor allem auch mal Freiräume für die Mama zum Schlafen oder für Hobbys zu schaffen und für die Eltern als Paar! Es schadet den Kindern nicht, wenn die Mama oder die Eltern regelmäßig mal weg- oder ausgehen. Ganz im Gegenteil, wenn die Mama oder die Eltern entspannt sind oder mal eine Auszeit hatten, merken das die Kinder auch! Außerdem fremdeln die Kinder weniger, wenn sie es kennen, dass auch mal andere Leute auf sie aufpassen.

Das erste Jahr mit einem Kind ist das Schwierigste für eine Beziehung. Plötzlich ist man Mama und Papa. Als Mum hat man so viel Nähe und Berührungen, da braucht man fast nicht mehr, wenn dann auch noch der Mann Nähe möchte. Es liegt nicht an euch Männern, aber das ist dann zu viel. Außerdem fehlt meist der Schlaf, vor allem, wenn man stillt und immerzu nachts aufstehen muss und zum Beispiel ab dem zweiten Kind tagsüber auch nicht zur Ruhe kommt. Man hat mit den Hormonen zu tun und mit sich und dem Kind. Es ist einfach oft zu viel und man ist als Frau abends froh, wenn man Zeit für sich hat und etwas Ruhe. Klar, es ist nicht bei allen Frauen so und auch hier muss ich sagen ist es stark vom Kind abhängig und auch von der Lebensphase, in der man sich befindet.

Auch als Vater ist es neu, man hat die Verantwortung für ein Menschlein und weiß noch nicht, wie man mit diesem kleinen Wesen umgehen soll, damit nichts kaputtgeht und alles richtig ist. Die Mütter haben meist eher ein Gefühl oder einen Instinkt dafür. Auch bei den Vätern gibt es unterschiedliche Typen. Man merkt es oft schon, wie sie mit fremden Kindern umgehen, oder wie sie auf Kinder wirken. So sind sie dann auch mit ihren Kindern.

Außerdem muss man sich als Paar Zeit nehmen und einplanen. Das war vor dem ersten Kind nicht nötig, da war es selbstverständlich, dass man Zeit für sich hatte, im Bett liegen und ausschlafen konnte, wie man wollte. Man konnte den ganzen Sonntag im Bett oder auf dem Sofa verbringen und nichts tun, das wird mit Kind schwieriger. Jetzt muss man Freizeit und Zeit für sich planen und organisieren.

Zwei Babysitter für Abende zu zweit, also ein fester und einer in Reserve sind wichtig, dann kann man entspannt ausgehen.

Auch die Großeltern bringen den Kindern sehr viel. Sie nehmen sich Zeit und spielen mit ihnen und haben Geduld, ihnen Sachen beizubringen oder zu zeigen. Auch der Kontakt zu Onkel, Tanten und Paten ist wichtig, sie gehen jeder ganz anders mit den Kindern um und können sich auch mal Zeit für nur ein Kind nehmen.

Ob die Kinder in die Kinderkrippe gehen oder zu Hause bleiben, muss jeder selbst entscheiden! Es schadet nicht! Die Kinder genießen auch den Kontakt zu anderen Kindern und lernen so, Rücksicht zu nehmen, aber sie müssen sich auch wehren und durchsetzen können.

Zu Hause mit Großeltern oder Eltern ist es natürlich auch schön. Ab dem dritten Lebensjahr haben die Kinder einfach oft ein Verlangen nach anderen Kindern. Klar, es gibt Ausnahmen, wie immer!

Meine Kinder haben sich auf den Kindergarten gefreut. Ich habe sie immer zwei Jahre geschickt. Es tut ihnen gut und sie haben mehr Zeit, sich an alles zu gewöhnen. Ich finde, in einem Jahr werden sie so getrimmt. Sie sollen plötzlich zuhören, sitzenbleiben und mitmachen. Für mich sind zwei Jahre nötig. Wir hatten in Deutschland drei Jahre Zeit. Man hat es ja hier jetzt auch eingeführt, aber anstatt zwei Jahre ab fünf sind es zwei Jahre vorgezogen, also ab vier! Die Kinder werden immer früher in den Kindergarten eingezogen. Mit sieben Jahren in die Schule zu kommen reicht doch eigentlich, dann sind sie auch reif genug. Nicht alle, aber die meisten.

Unsere Ticktack-Großeltern (Urgroßeltern), wie die Kinder so gern sagen, sind leider nicht mehr so zahlreich, nur noch zwei Uromas und eine davon nicht mehr gesund. Meine Oma ist aber für ihr Alter noch sehr fit und hat jetzt schon sieben Urenkel von eigentlich sieben Großkindern, aber nur drei haben bisher Kinder. Da kommen noch ein paar nach. Sie ist ganz eine Liebe und wir gehen sie gern besuchen. Also meist laden wir sie zum Mittagessen oder Abendbrot ein und holen sie ab, wenn wir bei meinen Eltern sind. Da können wir reden, Fotos anschauen und genießen. Die Kinder können sich austoben und spielen. Meine Oma muss so nichts vorbereiten und auch nicht aufräumen. Damit ist es ganz entspannt. Wenn wir zu ihr gehen, dann meist zum Kaffee. Wir haben sie sehr lieb. Hergeben würde ich meine Kinder niemals, aber ausleihen für einen Tag jederzeit.

Als ich noch in Aarau arbeitete, gingen die Jungs ab einem Alter von vier bis sechs Monaten immer in die dortige Kinderkrippe, das „Zwärglihuus" vom Spital. Sie liebten es und waren sehr unkompliziert.

Teilt man die Betreuung mit einer anderen Mutter, müssen schon die Vorstellungen und der Erziehungsstil vergleichbar sein, damit man zum Beispiel Ausflüge machen kann und andere Leute besuchen darf. Man sollte abmachen wann, wer und wie lange man die Kinder hat und sollte erstmal einige Probebesuche machen. Manche Kinder harmonieren einfach nicht zusammen oder es könnte sein, dass das andere Kind sehr spezielle Gewohnheiten oder Charakterzüge hat, welche dann auf Dauer sehr anstrengend sind und es für die anderen unsympathisch macht. Das ist sonst für alle eine grosse Belastung. Ja es gibt sie diese Arschlochkinder.

Ich versuchte es mal mit einer Tagesmutter oder Tagesfamilie. Da sie vom „Verein und Vertrag" allerdings darauf bestanden, dass die Kinder mindestens zwei ganze Tage pro Woche und am besten noch an fixen Tagen zu ihnen kommen sollten, auch wenn ich nur einen Tag arbeiten musste, habe ich nur den Kopf geschüttelt. Ich, in meinem Beruf mit damals 70% und dann fixe Tage und ohne Änderung! Ihre Begründung für diese Regelung war, dass sich die Kinder nur in die Familie einleben können, wenn sie mindestens an zwei fixen Tagen pro Woche in den Alltag integriert sind. Ich dachte nur, dass ja schließlich unsere Familie reicht und wir eigentlich nur eine Mittagsbetreuung und vielleicht noch eine kurze Nachmittagsbetreuung benötigen und nur an den Tagen, an denen ich auch wirklich arbeiten muss. Zahlen muss man dann natürlich alles. Na ja, da ich zu flexibel war – die Dienstpläne ändern sich halt auch mal spontan –, haben sie mir gekündigt.

Als dann ca. 2011 die Blockzeiten und der externe Mittagstisch mit Betreuung in der Schweiz aufkamen, war ich sehr froh! Endlich eine gute Alternative! Man konnte flexibel Tage eingeben und die Kids bei Bedarf dort zum Essen und Spielen hinschicken, wenn man arbeitete. Und musste dann auch nur diese tatsächlichen Stunden bezahlen. So genial! Dieses Angebot haben wir auch zwei Jahre genutzt und wirklich geschätzt.

Wir hatten dann das große Glück, dass meine Schwiegereltern ein Jahr lang auf unsere Paula aufpassten. Sie liebten es die Tage mit ihr zu verbringen und haben die Zeit sehr genossen.

Als mein Schwiegervater starb, wechselten wir wieder zur Kinderkrippe von meinem neuen Arbeitgeber. In der Spitalkrippe konnte ich meinen Dienstplan eingeben, wie er kam, und auch mal flexibel nachfragen, wenn ich einspringen musste. Das war fantastisch, man musste die Kids einfach mindestens acht Tage im Monat bringen. Dort ging es auch sehr gut und Paula liebte es.

Als Emilie geboren wurde, lohnte es sich bei 40% arbeiten mit zwei Wochenenden nicht mehr, deshalb wechselten wir wieder auf die Betreuung zu Hause durch Freunde und Verwandte, bis Paula in den Kindergarten kam. Emilie meldeten wir nun wieder in der Kinderkrippe des Spitals an, es reichte dort fortan aus, sie nur vier Tage pro Monat zu bringen. Ich bin gespannt, wie es ihr gefällt, aber sie ist auch so offen und neugierig, das wird auch gut klappen.

Ich habe morgens zu Hause vor der Kinderkrippe oder dem Kindergarten immer genügend Zeit zum Kuscheln eingeplant, wie eine ordentliche Dosis Liebe und Streicheln, dann geht es ohne Geschrei, wenn ich die Kleinen abgegeben habe und losmusste. Das haben sie geliebt. Auch jetzt kommen die Großen noch ab und zu vor der Schule, um eine Runde zu kuscheln, wenn ich da bin.

Sie sind sehr selbstständig, wenn ich nicht da bin, klappt es morgens auch sehr gut. Der Große hat den Wecker und geht dann die Anderen leise wecken. Sie essen am Morgen gemeinsam Frühstück, packen das Pausensnacks ein, putzen Zähne und gehen los. Früher hatten sie in der Küche auch noch einen Wecker, damit sie wussten, wann sie loslaufen mussten. Und die Handynummer war im Telefon eingespeichert, so war ich jederzeit erreichbar.

Wir hatten auch mal überlegt, ein Au-pair-Mädchen einzustellen und haben uns über das Internet informiert. Man braucht natürlich ein Zimmer extra und muss alles sicher einmal durchrechnen. Mit der doch sehr teuren Kinderkrippe und Tagesmutter, ohne Verwandte, die hüten können, ist es sicher eine gute Variante, vor allem ab drei Kindern. Unsere Wohnung war damals leider zu klein, alle drei Kinder in einem Zimmer, da hätte keiner geschlafen und es hätte nur Stress gegeben!

Im Kindergarten wird bei den Elternabenden meist noch etwas von den Eltern für die Kinder gebastelt oder beim Besuchstag mit den Kids. Das ist meist sehr lustig, da nicht alle so Lust darauf haben und motiviert sind, aber man macht es halt. Bevor die Kinder in den Kindergarten kommen, sind sie meist etwas unterfordert und am Abend nicht ganz ausgepowert, selbst wenn man den ganzen Tag draußen ist und viel mit ihnen macht. Durch den Tagesablauf mit sitzen und zuhören, das ganze Neue, die Kinder und vielen Spiele, sind die Kinder am Abend erst mal wieder müde und schlafen schnell ein.

Das Gleiche werdet ihr mit der Müdigkeit zum Schulstart bemerken und in den ersten zwei bis vier Schuljahren. Da wird auch bei Elternbesuchen noch gebastelt. Die neuen Herausforderungen und Aufgaben tun ihnen gut und sie bringen jeden Tag neue Ideen und Fragen mit nach Hause.

Aber wundert euch nicht, wenn sie nicht viel vom Tag erzählen. Da gibt es auch unterschiedliche Typen, schon im Kindergarten. Manche Kids erzählen alles ganz genau, was sie gemacht und gespielt haben und wie es war. Die meisten sind da eher etwas spärlich. Wenn man sie fragt, wie es war und was sie gemacht haben, sagen sie nur ‚Wie immer' oder ‚Ich weiß nicht'. Keine Angst, sie hatten trotzdem ihren Spaß und gehen gern in den Kindergarten oder in die Schule. Ab und zu, wenn mal was Spezielles war, erfährt man es auch, aber eher selten. Das war bei meinen Jungs jeweils so, von ihnen hat man kaum etwas erfahren. Bei den Mädels bin ich dann gespannt.

Vergessen werden die Kinder im Kindergarten sowieso fast alles. Es lohnen sich weder teure Handschuhe noch Mützen oder Basecaps, Haargummis oder Spangen, auch Brotbüchsen und Trinkflaschen sowie Jacken können einfach auf Nimmerwiedersehen verschwinden. Sie legen sie hin und vergessen sie, zum Beispiel auf dem Pausenhof oder auf dem Schulweg, wissen aber dann nicht mehr, wo sie waren …

Wichtig für die Erzieherinnen ist, dass die Kinder allein aufs WC können, keine Windeln mehr haben, sich die Hände waschen können, aufräumen können und Schuhe mit Klettverschluss sowie ihre Jacke und ihre Turnsachen an- und ausziehen können. Perfekt, wenn das geht. Den Schulweg muss man üben und zu Beginn mit ihnen gehen oder die größeren Geschwister mitnutzen.

Die Kinder freuen sich über so viele neue Kollegen und wollen dann auch recht schnell mit einigen abmachen und spielen.

Die Besuchstage in der Schule finden die Kinder immer sehr schön, sie können den Eltern alles zeigen, was sie gemalt haben und was sie in der Schule lernen.

Zum Schulstart wurde uns Eltern erklärt, dass sich die Lehrer melden, sobald etwas nicht gut läuft. Bei meinem Großen war es dann am Ende der ersten Klasse, als ich beim Elterngespräch erfuhr, dass er einer der Schlechtesten der Klasse ist. Toll, danke, dass ich das auch schon erfahre. Es gibt in der ersten und zweiten Klasse keine Noten, nur Smileys. Meiner Meinung nach ist es so sehr schwer einzuschätzen, wie es nun um das Lernen und das Wissen der Kinder steht. Das Vertrauen auf Nachricht vom Lehrer war damit leider dahin. Er wurde auf Legasthenie getestet und der Verdacht wurde bestätigt. Ich melde mich seitdem regelmäßig bei den Lehrern der Kids und mache ggf. alle drei Monate ein Gespräch zum Austauschen ab, damit ich immer Bescheid weiß und wir früh eingreifen und besser unterstützen können.

Es ist schwer für Patrik gewesen, da die Kinder in der ersten Klasse schreiben dürfen, wie sie sprechen und dann in der zweiten und dritten Klasse erst die Regeln und die richtige Schreibweise lernen. Das ist nichts für einen Legastheniker, da er sich das Falsche dann schon eingeprägt hat. Oder zum Beispiel mit der Fremdsprache, Englisch ab der dritten Klasse, aber alles aus dem Deutschen haben sie noch nicht gelernt und in der fünften Klasse dann schon Französisch. Wir haben entschieden, dass er Französisch mitmacht, aber keine Noten dafür bekommt. Er soll sich lieber mehr Mühe mit Englisch und Deutsch geben, das ist sonst einfach zu viel!

Zur logopädischen Unterstützung geht er auch noch alle drei bis sechs Monate zur Kontrolle. Ab dem zweiten Kindergartenjahr musste er, während drei Jahre, jede Woche dort hin und es hat ihm viel gebracht. Er hatte schon recht früh Mühe mit der Satzstellung, er lispelte und er verfügte über einen kleinen Wortschatz, obwohl er wie alle anderen aufwuchs. Wenn ich es jetzt nicht besser wüsste, würde ich der Theorie recht geben, welche besagt, dass Kinder, welche lange bei den Eltern im Bett geschlafen haben und viel Nähe und dadurch auch verschiedene Reize hatten, sich besser entwickeln. Er war immer zufrieden und hat wie ein Stein geschlafen, wenn er satt war. Er schlief mit ca. sechs Wochen schon durch und somit auch im seinem eigenen Bett. Ich weiß es nicht, vielleicht wäre es auch sonst so gekommen. Alle anderen Kinder haben eben lange bei uns im Bett mit viel Körperkontakt geschlafen. Wer weiß …

Mamas arbeiten trotz Kindern!? Es ist schon verrückt, wenn du in Deutschland erzählst, dass du im Ausmaß von 40% arbeitest, und das mit vier Kindern, dann ist das wenig. Wenn du das Gleiche in der Schweiz sagst, dann ist das verrückt viel und du bist schon fast eine Rabenmutter, weil du ja nie zu Hause bei den Kindern bist. Ich denke mir dann immer, für mich stimmt es so. Es ist im Moment die perfekte Work-Life-Balance für mich. Mit den drei Kindern und 60% war es mir in der vierten Schwangerschaft dann doch zu viel und ich freute mich auf nur 40% … Mir war immer klar, dass ich nicht „nur" zu Hause sein möchte. Natürlich wäre es auch genug zu Hause mit vier Kindern und ganz ohne Arbeit. Ich genieße aber die Anerkennung und den Ausgleich sehr! Das brauche ich. Es ist mir wichtig, dranzubleiben und ich liebe meinen Job. Lasst euch nicht ärgern, es muss für euch stimmen und nicht für andere.

Mir ist es, wenn ich arbeiten gehe, einfach wichtig, dass die Kinder gut versorgt sind und dass ich mir keine Sorgen machen muss. Ich genieße es dann mal, nicht Mutter zu sein, sondern eine Erwachsene und eine Pflegefachfrau, und ich schätze auch die Unterhaltungen mit Erwachsenen. Wenn die anderen dir ein schlechtes Gewissen einreden wollen, dann hör auf dein Herz, dein Gefühl und deine Kinder. Ich freue mich auf das Arbeiten und nach zwei oder drei Tagen dann auch wieder auf die Kinder. Es macht mich glücklich und entspannter, das tut auch den Kindern gut und sie merken es genau.

Aber es bleibt Arbeit, das heißt, neben den Kindertagen und den Arbeitstagen merke ich nach drei bis vier Wochen auch genau, dass ich mal wieder einen freien Abend brauche, also nur für mich, ohne Kids! Einfach nur mit Kolleginnen essen gehen und quatschen oder allein in die Badi und nur schwimmen … Das ist dann Erholung pur und lädt den Geduldsakku wieder auf. Alle zwei Wochen oder ein Hobby jede Woche wäre noch besser, aber das ist dann schon wieder schwierig mit der Organisation neben allen anderen Terminen. Wenn die Kleinste etwas älter ist, kann ich dann auch am Abend wieder ohne Bedenken mal aus dem Haus.

Patrik macht jetzt im November den Babysitter-Kurs, dann kann er sich mit 14 Jahren etwas nebenbei für sein Töffli verdienen, so wie wir das auch gemacht haben. Wir kaufen ein Altes, er muss es aber abzahlen und kann es mit meinem Bruder zusammen umbauen und aufmotzen. Dann achtet er besser darauf, wenn er es selbst bezahlt und gebaut hat. Er bekommt auch gleich gezeigt, wie es zu reparieren geht, und weiß, was ggf. defekt ist, außerdem interessiert es ihn. Er möchte vielleicht Automechaniker, Schreiner oder Gartenbau lernen. Er hat schon bei der Post geschnuppert und als Lastwagenfahrer. Dieses Jahr im November ist dann noch Schnuppertag im Spital, da bekommen die Kinder alle Berufsgruppen mit viel Spaß und sehr praktisch vorgestellt. Das finde ich super und ab der sechsten Klasse kann er dann noch schnuppern gehen. Ich habe damals auch in verschiedenen Bereichen ein Praktikum gemacht, drei Jahre bei unserem Tierarzt und zweimal im Spital. Damit hatte man einen guten Einblick und man konnte sehen, ob das Interesse und die Vorstellungen von dem Beruf auch mit der Realität übereinstimmen und es dann wirklich für einen passt. Patrik möchte vielleicht auch mal ein Autodesigner werden, von den Noten her schon schwieriger, aber nach einer Lehre mit Berufsmatura ist das möglich. Das wird sich sicher noch oft ändern. Ich denke, mit einem gewissen Alter, dem Willen und dem Interesse wird auch der Einsatz für gute Noten steigen. Und wenn man sich im Erwachsenenalter dafür entscheidet, wird man es auch durchziehen. Die Schule ist immer ein Muss, aber später kann man sein Leben selbst gestalten.

Auch das Reisen, den Kinderwunsch und andere Prioritäten muss jeder für sich selbst oder in seiner Partnerschaft festlegen. Ich kenne einige, die sagen schon immer, sie wollen keine Kinder, sondern lieber reisen und unabhängig sein. Wieder anderen sind der Job und die Führungsposition am wichtigsten. Wenn das für sie so stimmt, perfekt. Ich wollte immer Kinder. Aber wenn mir einer in der 12. Klasse gesagt hätte, ich hätte mal vier Kinder und würde in der Schweiz wohnen, hätte ich ihn ausgelacht … So ist das Leben … im Verlauf immer offen … Ohne Kinder wäre es vielleicht ruhiger und man könnte machen, was man will und hätte mehr Geld für Reisen, aber für mich wäre es auch langweiliger und weniger lustig.

Wenn ich selbst keine Kinder hätte bekommen können, hätte ich wahrscheinlich alles versucht und dann entweder welche adoptiert oder mein Leben anders orientiert, aber das ist für mich schwer vorzustellen. Einige Paare aus der Bekanntschaft haben genau in dem Moment, in dem sie die Prioritäten geändert haben, doch noch Babyglück erfahren dürfen. Nach all den Strapazen ist es ihnen von Herzen zu gönnen und es sind definitiv Wunschkinder! Auch ein Paar mit adoptierten, gesunden und freundlichen Kindern ist überaus glücklich und sehr froh, dass sie sich dafür entschieden haben.

Ja, sobald man Kinder hat, kann man sich abmühen, wie man will, nichts ist meiner Meinung nach noch perfekt und ordentlich. Versteht es nicht falsch, aber die Ordnung, die man davor kannte, wenn man aufgeräumt hatte und alles an seinem Platz war, gibt es nur noch selten. Klar kann man sich den Stress machen und ständig hinterherräumen oder alles verbieten, aber das wird für alle Parteien mühsam und mit Unzufriedenheit enden. Ich gebe mein Bestes und lasse mir und den Kids Freiräume, das reicht! Vor dem Mittag etwas zusammenräumen oder am Nachmittag, wenn Besuch kommt und dann erst am Abend richtig in die Kisten verstauen. Wenn im Kinderzimmer gar kein Platz mehr zum Spielen ist, dann muss ich auch mal wieder alles verstauen. Mit einer Belohnung als Anreiz räumt es sich schnell gemeinsam auf ... Alles in seine Kiste, ein bewährtes System. Doktorzeug, Autos, Holzeisenbahn, Legos, Puppensachen und Babyspielzeug ... Schnell versorgt und ins Regal gestellt. Kinder wollen auch mal etwas aufbauen und stehenlassen dürfen, um am nächsten Tag weiterzuspielen, das finden sie genial. Es nervt mich nicht mehr, ständig hinter herzuräumen. Habe ich das Eine wieder aufgeräumt, ist die nächste Kiste schon längst verteilt, das bringt nichts, nur Ärger!

Auch im Garten wird nur noch am Abend das schlimmste Chaos beseitigt, am nächsten Tag sieht es wieder gleich aus. Andere Mütter oder Eltern stört es sowieso nicht, die kennen das, und wenn Besuch da war, sieht es noch schlimmer aus als sonst, da wird alles rausgeholt und angeschaut und probegespielt ... Aber dafür hatten die Mamas oder Eltern meist auch etwas Ruhe, um zu quatschen und Kaffee zu trinken. Ich genieße diese Tage mit Kolleginnen, warum auch nicht. Die Kinder finden sie schön wegen der Freunde und wir sehen uns auch mal wieder, ist ja schließlich nicht jeden Tag.

# Praktisch und unpraktisch

Sehr praktisch und sicher sind Nachtlichter mit Batterie oder die Nachtlichter Spöka von Ikea.

Ich habe, sobald die Kinder angefangen haben, sich zu drehen, Isomatten und Decken auf den Boden gelegt oder diese Moosgummi-Puzzleteile und hatte somit eine sichere Krabbelecke.

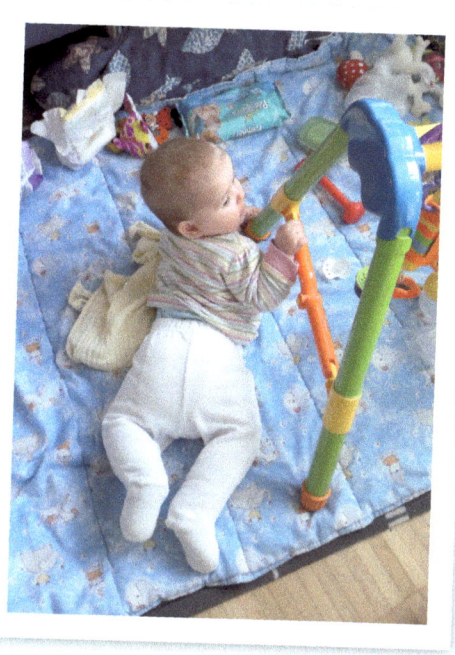

Die leuchtenden Nuckel gibt es erst seit kurzem und die sind genial für die Nacht! Die Kinder finden sie im Dunkeln immer selbst wieder! Es gibt viele verschiedene Sorten von Nuckeln. Es gibt die ganz harten und die ganz weichen, die braunen und die weißen, die aus Latex oder aus Silikon. Jedes Baby mag etwas Anderes. Es gibt die runden oder die, die auf einer Seite abgeflacht sind. Es gibt für jedes Alter eine Größe. Am besten zu Beginn von den kleinsten von jeder Sorte einen kaufen und sie ausprobieren. Wenn es kein Nuggikind ist, merkt ihr das schnell, da keiner länger als eine halbe Minute im Mund bleibt. Dann versucht es bis zum Alter von ca. einem halben Jahr ab und zu wieder oder lasst ihn einfach mal weg und ihr werdet erkennen, ob einer nötig ist. Meine Kinder haben die aus Silikon, in Weiß, halbweich und abgeflacht geliebt. Manche Kinder mögen Nuckel und andere brauchen ihn einfach nicht, das ist völlig okay. Dann muss man ihn auch nicht immer dabeihaben oder suchen oder später den Kindern abgewöhnen, das hat nur Vorteile. Andere können eben nicht ohne ihn. Da gibt es riesen Szenen, wenn man ihn nicht findet. Das Abgewöhnen ist ein kurzes Durchhalten von zwei bis drei Tagen, aber auch das kann man gut überstehen.

Im Sommer sind dünne oder im Winter dicke Schlafsäcke für Kids wirklich praktisch. Sie können zappeln und sich drehen, sie sind aber trotzdem immer warm eingepackt!

Es gibt eine Phase, in der sie noch nicht krabbeln können, aber vorwärtskommen wollen und unzufrieden sind, dann hatten meine Kinder ein Flitzeauto (Chicco Taxi mit sechs großen Rädern). Damit haben sie schnell gelernt, vorwärts zu kommen, mir zu folgen und waren zufrieden.

Schon von Beginn an liebten sie den Holzspielebogen, den kann man über sie stellen und sie bewegen und freuen sich, versuchen ihn zu erreichen und zappeln wie wild umher.

Wir haben die Mobile selbst gebastelt und schon direkt nach der Geburt aufgehängt. Einfach nur mit Schwarz, Rot und Weiß, mit Kreisen und Vierecken in 30 cm Höhe über dem Wickelbereich aufhängen. Sie reagieren schon von Anfang an darauf und strampeln herum! Sie finden es genial. Ich habe Spieluhren nie selbst gekauft, es gibt immer zwei bis drei zur Geburt geschenkt.

Noschis kann man auf verschiedene Weise nutzen. Wenn die Kinder noch klein sind und sich noch nicht so viel bewegen, aber trotzdem der Nuggi oder die Flasche (wenn man zum Beispiel im Auto unterwegs ist oder am Kochen oder die Geschwister füttert …) immer wieder raus- oder runterfallen, dann reicht es meist schon, ein Kuscheltuch unterzulegen. Schon hält die Flasche oder der Nuggi bleibt erst mal dort, wo er hin soll. Wenn die Kids sabbern, einfach ein Dreieck falten und umbinden. Oder als Nuckelkette nur durchfädeln und einen Knoten machen. Als Lätzchen geht es natürlich auch, wenn man mal keines zur Hand hat. Als Mütze muss man einfach in alle vier Ecken Knoten machen und aufsetzen. Ihr seht, es ist sehr vielseitig einsetzbar. Ich habe die Noschis in Weiß gekauft und selbst gefärbt. Am Anfang mit hellen Farben, wenn sie dann sehr fleckig sind, kann man sie einfach dunkler färben.

Beim Baden in der großen Wanne mit den anderen hilft am besten ein Waschkorb. Dort kann man sie hineinsetzen und sie können sich gut halten.

Ich fand den Wickeltisch immer gefährlich und nur kurz nutzbar. Ich habe die Babys immer auf dem Bett oder auf dem Sofa mit einer Unterlage gewickelt.

# Es wird einfacher
# ab dem zweiten Kind

Es hört sich blöd an, aber ab dem zweiten Kind geht alles einfacher von der Hand! Geben wir es doch zu, in der ersten Schwangerschaft, und somit vor dem ersten Kind, haben wir so viel Positives und Negatives von allen Seiten gehört. Man bekommt Tipps und Hinweise von allen Seiten und hat ein riesiges Angebot über Medien, Bücher und das Internet. Jeder denkt sich ‚Jaja schon gut, das wird schön'. Aber bis man ein Kind hat, und zwar so richtig, nicht nur ein Patenkind oder eines, auf das man aufpasst, kann man es sich nicht vorstellen, was da auf einen zukommt! Dann sind es 24 Stunden rund um die Uhr für mindestens 18 Jahre. Man kann es sich wirklich nicht vorstellen!

Und ja, ich denke es geht allen gleich, sobald man schwanger ist, freut man sich sehr, aber man fragt sich auch gleichzeitig, ob man wirklich schon bereit dafür ist. Und dann ist es da, das kleine Wunder. Nicht für jeden perfekt, aber auf jeden Fall für die Eltern! Und auch heute noch, in dieser fortschrittlichen Zeit, kann man froh sein, wenn während der Schwangerschaft und der Geburt alles gut gegangen ist und der kleine Zwerg gesund ist. Aber eben jetzt geht es erst los!

Beim ersten Kind ist man einfach unsicher und unerfahren. Es braucht immer zwei bis vier Wochen, sich nach der Geburt kennenzulernen, bis man weiß, was das Schreien, die Geräusche und alles bedeutet. Ob das Schreien ernst ist oder eigentlich alles okay ist und der Zwerg nur (wie es meine Oma nannte) spazieren geht. Auch das vierte Kind gibt andere Zeichen und Geräusche von sich.

Ich weiß noch, wie es bei mir war. Beim ersten Kind reagiert man auf jedes Geräusch und hat Angst, etwas zu verpassen oder falsch zu machen. Man geht duschen, wenn man denkt, dass es jetzt zufrieden sein sollte oder schläft und kaum ist man eingeseift, fängt der Zwerg garantiert an zu schreien. Also schnell Handtuch drüber und triefend nass nachschauen gehen. Dann nimmt man den Zwerg mit ins Bad und ist ganz gestresst beim schnellen Fertigduschen, weil er immer noch schreit. Beim zweiten denkt man nur: „Ja, ich komme gleich wieder, wenn ich fertig bin." Dann ist alles nicht mehr so schlimm.

Sie sind garantiert auch hungrig oder unzufrieden, wenn man mal was zu essen machen oder einfach etwas essen möchte oder etwas machen möchte, was man sich schon lange vorgenommen hat, aber wofür man noch keine Zeit gefunden hat (zum Beispiel Fotos einkleben). Oder wenn man nur ein wenig auf dem Sofa schlafen will, vergiss es! Die Zwerge spüren das, die merken das genau und werden dann garantiert wach oder wollen genau dann nicht schlafen. Ab dem Zweiten nimmt man es so, wie es kommt, und wird entspannter.

Auch wegen Arztbesuchen, Besuchen, Terminen und beim Spazierengehen ist man beim ersten Kind immer angespannt. Man stillt oder gibt das Fläschchen, packt sie ein und los geht's in der Hoffnung, dass der Zwerg wenigstens bis man am Zielort ist, schläft. Und wenn es anfängt zu schreien, dann ist man schon sehr gestresst und hofft, dass es auf dem Rückweg besser klappt, wenn nicht, dann ist man so gestresst, dass man am Liebsten immer zu Hause bleiben würde. Beim Zweiten ist das schon alles entspannter, selbst wenn es mal brüllt. Ab dem Dritten müssen sie sich sowieso nach den Anderen richten und sind einfach mit dabei. Man kennt das Handling und die Tricks und ist mit allem routiniert und schneller. Klar wird es mit jedem Kind auch mehr Arbeit, aber es geht trotzdem besser von der Hand und entspannter. Man rennt nicht mehr wegen jedem Husten oder Fieber zum Arzt. Man schaut nicht mehr in Bücher und liest alles nach, damit nichts falsch läuft. Man traut sich selbst, seinem Gefühl und seinen Erfahrungen und sucht seinen eigenen Weg. Im Sommer in die Badi gehen ist beim Ersten ein Stress, beim Zweiten entspannter und ab dem Dritten kein Problem, sie sind einfach alle dabei …

Das erste Kind ist, denke ich, die größte Herausforderung. Klar denkt man sich, wenn man das zweite Mal schwanger ist, ‚Oh nein, bin ich wirklich bereit dafür?" und man kann sich nicht vorstellen, dass es durch die Routine einfacher wird. Man kennt ja nur den Stress und die Ängste, die man beim Ersten hatte! Aber meiner Meinung nach wird es einfacher.

Die Zweiten sind schneller. Sie wollen den Großen hinterher und werden meist auch schon anders behandelt und gefördert durch die Erfahrung der Eltern. Die Ersten haben oft noch nicht so den Ansporn zum Krabbeln oder Laufen und werden auch eher noch etwas verwöhnt, da sie allein sind, aber auch hier gibt es natürlich Ausnahmen.

Da man beim Ersten alle Aufmerksamkeit für das Kind hat, können die Großen meist nicht so gut alleine spielen, das merkt man aber erst durch das Zweite. Es muss von Anfang an seine Aufmerksamkeit und die Zeit teilen und lernt automatisch, sich auch alleine zu beschäftigen.

Das kann sich allerdings wieder ändern, sobald der Größere in den Kindergarten kommt und sie dann die Mami ganz für sich alleine haben. Wenn sie alleine spielen, dann auf jeden Fall nicht stören, sie kommen wieder zu einem, wenn ihnen langweilig ist.

Die Großen orientieren sich wie alle anderen auch immer an Älteren, zum Beispiel, wenn Besuch kommt sind sie von diesem ganz fasziniert und weichen ihm nicht von der Seite. Jüngere Kinder sind meist nicht so interessant, das kann man ja schon, da können sie nichts abschauen und keinen Blödsinn lernen …

Blödsinn sehen und lernen sie eigentlich von jedem, egal, ob Geschwister, Onkel, Tanten oder Großeltern, jeder bringt ihnen irgendwas Lustiges bei. Zum Beispiel brachte mein Vater unseren Jungs das Schielen bei und mein Bruder das Rumalbern und Grimassen ziehen am Esstisch, soviel zum Thema erwachsen.

# Kindergeburtstage und die Lieblingsspielzeuge meiner Kinder

Bei uns gab es Kindergeburtstage ab dem vierten Lebensjahr und sie durften immer so viele Kinder einladen, wie sie alt geworden waren. Aber maximal zehn Kinder. Vorher feierten wir nur mit der Familie und mit Paten und Kollegen. Ab dem Kindergarten werden die Kinder es lieben, Freunde einzuladen. Die besten Spiele für Geburtstage mit vier bis acht Jahren: Wir hatten ein Ballonzimmer zum Austoben im Winter und Wasserballons im Sommer. Ich bastelte meist etwas mit den Kindern, zum Beispiel ein Steckenpferd aus alten Wollresten und Socken, Ketten, Kronen, Masken, Laternen oder Schwerter. Ballontiere selbst zu machen ist gar nicht so schwer. Und natürlich die alten Spiele, darunter Topfschlagen, Büchsen werfen, Kegeln, Ringe werfen und der Eierlauf. Oder eine Bonbonkette auf Kopfhöhe aufhängen und die Kinder dürfen diese nur mit dem Mund und hüpfend abnehmen, also ohne Hände. Tischbomben finden sie immer cool. Pantomime oder Sachen und Berufe beschreiben, sowohl Schminken, Verkleiden und das Aufrollspiel (drei gleich lange Schnüre an je einen Stift binden und unten ein Gegengewicht, wer nun am schnellsten die Schnur auf den Stift gewickelt hat, hat gewonnen) machen allen Spaß. Für draußen gibt es noch Seilziehen, Blinde Kuh und Hüpfkästchen (Himmel und Hölle). Auch die WC-Papiermumie, den anderen mit WC-Papier einwickeln, macht immer allen viel Freude.

Die Spiele von 9–14 Jahren sind etwas anders. Die Wasserballons, das Mehlspiel, die WC-Papiermumie, das Aufrollspiel, ein Luftballonwettaufpusten und die Bonbonkette, aber höher aufgehängt, sodass sie sich gegenseitig hochheben müssen und sie nur mit Mund kriegen, sind immer noch cool. Für draußen gibt es Fußball, Volleyball, Basketball und Tischtennis. Außerdem gibt es Schokolade schneiden, verschiedene Sachen schmecken oder riechen,

Pantomime, Tischbomben, Ballonkatapult (WC-Papierpapprolle und Ballon zerteilen und mit Klebeband befestigen, dann auf zum Wettschießen), 20 Gegenstände zum Merken und fünf wegnehmen, fünf Sachen im Raum ändern und raten lassen, Pantomime, Berufe raten, Staffel mit Wasserballons oder so, Ballonwettaufpusten, bis sie platzen oder einer der Größte ist, Ballons in den Wäschekorb werfen, Ballons in der Luft halten, geknickte Sätze, Schnitzeljagd, Geschenke suchen, Fakir, wer die längste Zeitungsschlange an einem Stück abreißt und so viel mehr …

Wenn die Verwandten und Göttis bzw. Paten fragen, was sie zur Geburt, zu Weihnachten oder zum Geburtstag kaufen oder schenken sollen, ist es das Beste, wenn man sie auf Gutscheine, z. B. von Modeläden (C&A …), Spielwarenläden, Bücherläden oder Möbelhäusern (IKEA …) hinweist. So kann man selbst schauen und das Richtige kaufen, wenn man später etwas braucht. Vor allem ab dem dritten Kind ist das praktisch, sonst hat man plötzlich alles doppelt und dreifach!

Zum Aussuchen der Geburtstagsspiele empfehle ich euch: „500 5-Minuten-Spiele", aufgeteilt in Abschnitte für Drei- bis Achtjährige, von Maile Petersen und Ulrich Velte von der Xenos Verlagsgesellschaft mbH; „1000 Spiele für drinnen und draußen" von Roland Gööck vom Weltbildverlag sowie „Knaurs großes Buch der Kinderspiele" vom Weltbildverlag.

Schon als ich ein Kind war, wurden unsere Geburtstage groß gefeiert. Einmal mit den Verwandten und dann noch die Kindergeburtstage. Wir durften uns immer wünschen, was es zum Mittagessen und zum Kaffee gibt, welche Torte oder der Lieblingskuchen. Wir haben zusammen die Spiele überlegt und die Einladungen gebastelt, alles vorbereitet und dann einfach den Tag genossen. Es war immer alles geschmückt, wenn wir das wollten, und einfach schön.

Ab 16 Jahren hatten wir dann einen Partyraum. Wir haben die Werkstatt ausgeräumt und dort habe ich mit Freunden gefeiert. Der 18. Geburtstag war sehr gut und der 21. auch! Ich fand es immer cool! Meine Eltern wussten, wo wir waren, und hatten alles im Auge. Ich habe zur Schuleinführung oder zum Kindergartenstart immer am Nachmittag ein Kaffeetrinken mit der Familie gemacht. Es ist mir wichtig, diesen Tag zu einem besonderen werden zu lassen, so wie das in meiner Kindheit war. Auch wenn es in der Schweiz nicht üblich ist, haben die Kinder Zuckertüten bekommen, diese aber dann nicht mit in die Schule genommen.

Meine Eltern haben den Kids den Schulranzen geschenkt, welchen sie sich selbst aussuchen durften und in der fünften oder sechsten Klasse haben sie einen Schulrucksack erhalten. Sie haben immer gewusst, dass sie darauf achten müssen.

Zum Kindergartenstart hat jeder eine Kindergartentasche bekommen, eine Znüni-Box und eine Flasche. Sie waren so stolz. Vom Kindergarten gab es meist ein Umhängeleuchtdreieck für den Schulweg, so praktisch! Am ersten Tag dürfen die Eltern jedes Jahr mit zur Eröffnungsrede und dann mit in die Klasse oder die Gruppe gehen. Aber ab der vierten oder fünften Klasse wollten die Jungs das dann nicht mehr. Bin gespannt, wie das bei den Mädels wird.

Die Lieblingsspielzeuge meiner Kinder bis zu einem Alter von einem Jahr waren auf jeden Fall der Spielbogen, einfache Knistertüten mit Knoten und Luft drin, Tubber Schachteln mit Nudeln oder Schrauben darin, ein feuchter, nasser Waschlappen, auf dem sie herumkauen konnten, das Lauflernauto (Chico Taxi), das selbst gemachte Mobile, die Spieluhren zum Einschlafen, Luftballons mit wenig Luft und Bausteine aus Moosgummi.

Ab einem Jahr liebten sie das Bobby Car, Luftballons und Seifenblasen, Papierflieger und Ballspielen, Puppen und Autos natürlich auch. Ab zwei Jahren bleibt das Spielzeug gleich. Es kommen einfach noch Knete, Legosteine und der Bauernhof, Fingermalfarben, Kartoffeldruck, Stempel, Aufkleber/Sticker, Malbücher, Wachsmalstifte, Puzzle, Elefun, das Angelspiel, das Hammerspiel und das Steckerspiel dazu. Sie wollen selbst basteln, gestalten und malen.

Ab drei oder vier Jahren haben wir Lotti Karotti, Nanu, Murmel Monster, Monopoly Cars oder Junior, Obstgarten, Memory und Domino gekauft und geschenkt bekommen. Die Lernspiele und Geschicklichkeitsspiele ab dem Schulalter sind UNO, Make und Break extrem, Dobble, Scrabble Junior, Triominos, Stadt-Land-Fluss, Ubongo, Schiffe versenken, Länder der Welt und Catan. Wir denken uns auch oft andere Spielregeln aus und machen es damit leichter oder schwerer.

# Organisation und Management – ein riesiges Thema

Zu meinem Aufgabenbereich gehören einkaufen, kochen, aufräumen, saubermachen, die Kinder beschäftigen und mit dem Hund spazieren, der Garten und vieles mehr. Das braucht einiges an Organisation.

Außerdem muss man schauen, dass jemand da ist, wenn man arbeiten gehen muss. Natürlich muss man auch eigene freie Zeit und Zeit als Ehepaar einplanen. Ich muss sagen, dass es recht gut klappt mit unserer Planung. Meist ein- bis zweimal pro Monat gehen mein Mann und ich in den Ausgang ohne Kinder. Das ist wirklich wichtig und ich bin froh, dass wir das so machen. Wir kennen viele, die sagen, wenn die Kinder dann groß sind, machen wir dies und das. Wir wollen nicht warten, wir gehen zu Konzerten und besuchen einmal im Jahr ohne Kinder eine Stadt für zwei bis vier Tage. Dann kommen meine Eltern, hüten die Kinder und wir können ausschlafen, die Stadt besichtigen, am Abend essen gehen und etwas für uns als Paar tun.

Da ich meist zweimal im Jahr allein mit den Kindern zu meinen Eltern fahre, hat mein Mann dann auch mal etwas sturmfrei. Er muss aber meist arbeiten, sonst wäre er ja mitgekommen. Ich muss schauen, dass ich auch für mich mal freie Zeit einplane. Zum Beispiel ab und zu mal einfach nur in Ruhe schwimmen oder in die Sauna oder mit Freundinnen was Essen gehen, das braucht jeder.

Viel Organisation ist nötig mit den Anziehsachen und den Schuhen, die Kinder brauchen so viele Sachen. Die ganzen Größen, sowie Sommer- und Wintersachen. Ich sortiere zweimal im Jahr die Schränke durch, wenn die Sommer- und Wintersachen nötig werden. Auch die Schuhe sind dann natürlich dran. Zwischendurch, wenn ein Kind die nächste Größe braucht, wird dessen Schrank oder das Schuhregal auch wieder durchsortiert. Wenn es zu klein ist, kommt diese Größe in eine mit der genauen Größe angeschrieben Kiste. Damit ich es schnell finden kann, wenn der Nächste die Größe braucht. Wenn ich eine Größe nicht mehr brauche, dann gebe ich die Sachen oder Schuhe weiter an Freunde und bekomme auch viele Sachen von ihnen. Jeder kann sich dann das raussuchen, was ihm gefällt und der Rest kommt in den Secondhandladen und die Kleiderspende. Auch zwischendurch verleihe ich Anziehsachen an Freunde. Wenn man es länger nicht braucht, warum sollte man die Sachen dann nicht verleihen. Es geht ja nicht kaputt und es wird von drei bis vier Kindern nicht abgetragen. Das klappt sehr gut! Die Kleidung zu sortieren und die Kisten genau anzuschreiben hat sich über die Jahre wirklich bewährt. Ich muss nie etwas suchen. Aber die Kistenberge bleiben. Außer, man kauft alles bei jedem Kind neu. Wer hat, der kann, aber ich finde es überflüssig. Ich kaufe auch keine Markensachen. Das muss jeder selbst entscheiden, aber auch das finde ich unnötig. Im ersten Jahr wechseln sie zwei- bis dreimal die Größe und dann meist ein- bis zweimal. Ich finde nicht, dass sich da Markensachen lohnen. Außerdem achten sie noch nicht auf ihre Sachen, es gibt Löcher beim Spielen und Toben, aber das soll ja auch so sein. Wenn sie dann „ausgewachsen" sind, ist es völlig okay, dann können sie sich auch Markensachen kaufen, aber das ist dann ihre Entscheidung und ihr eigenes Geld. Klar kaufen wir auch mal Neues und meine Kids bekommen zu Geburtstagen das Fußballdress, welches sie sich wünschen oder spezielle Sachen. Ich kenne es auch so aus meiner Kindheit. Meine Eltern haben uns viel ermöglicht und es hat uns nicht geschadet, dass wir nicht nur neue Sachen hatten.

 Beim Einkaufen ist auch viel Organisation nötig. Es gibt Lebensmittel und andere Sachen, die man immer braucht und dann welche, die nur einmal im Monat nötig sind. Dafür habe ich auch zwei Listen, so ist es einfacher und man vergisst nichts. Außerdem habe ich gern eine kleine Auswahl zu Hause. Wenn ich mal Lust auf etwas Schnelles habe, möchte ich die Zutaten einfach aus dem Schrank nehmen können und es zubereiten.

Wenn ich was herausnehme, dann schreibe ich es gleich auf den Zettel für den nächsten Einkauf. Das klappt aber nur bei mir...

Es ist für alle sehr wichtig, dass die Väter auch mal Zeit mit den Kindern haben. Da ich jedes zweite Wochenende arbeiten muss, ist mein Mann mit den Kindern allein zu Hause. Das finde ich sehr gut. Die Väter merken dann auch selbst mal, was so den ganzen Tag läuft und was man so alles machen muss. Das ständige Hinterherräumen, das Aufpassen, damit sie keinen Blödsinn machen, nicht alles ausleeren und nicht die ganze Wohnung auf den Kopf stellen. Und trotzdem muss das Rundherum wie Essenszeiten und das Spazieren gehen und so weiter ja auch eingehalten und alles vorbereitet werden. Es zeigt ihnen die Realität, dass man eben nicht immer zu allem kommt, was man gern machen möchte oder erledigen müsste. Es zeigt ihnen, dass es Tage gibt, die sehr entspannt sind und solche, die sehr anstrengend sein können, wenn die Kleinen schlecht geschlafen haben oder einfach nur schlecht gelaunt sind. Am besten wäre es natürlich, wenn ab und zu auch mal die Mum oder der Papa eine Zeit ganz frei hätten.

Wir fahren in den Urlaub! Das ist bei mir zu Beginn und auch am Schluss mit viel Organisation verbunden. Wichtig ist, dass man sicher vier bis fünf Tage vorher anfängt zu packen, damit man die wichtigen Sachen bei Bedarf noch waschen oder besorgen kann. Ich mache mir am liebsten eine Liste mit den Sachen, die jedes Kind braucht. Bei den drei Grösseren ist dies weniger das Problem, aber die Kleine braucht schon noch mehr, vor allem Wechselsachen. Das Packen der Sachen ist auch nicht so einfach. Die Großen müssen die Sachen selbst raussuchen, sonst heißt es in den Ferien dann „Oh nein, das ziehe ich schon lange nicht mehr an" und schon gibt es Zoff. Den Mädels ist das noch egal. Für die Sommerferien geht es ja noch von der Menge her, da braucht man nicht so viel und man kann es im Urlaub schnell durchwaschen und wieder trocknen. Aber für die Winterferien braucht man so viele Sachen für fünf Leute. Mein Mann packt seine Sachen selbst und ich den Rest. Skianzüge und alles, was man für den Schnee braucht und dann noch Extrasachen für die

Kleine. Eine große Tasche ganz voll mit Skizeug und eine andere Tasche mit allen anderen Sachen sowie ein Rucksack mit Spielen und mindestens ein Beutel mit Schuhen. Wir müssen wenigstens keine Helme und Skischuhe oder Ski mitnehmen. Es dürfen natürlich auch die Apotheke und die Fläschchen, Windeln, Nahrung und so weiter für die ganz Kleine nicht fehlen. Und hinterher wieder alles waschen und wegräumen. Ich hoffe immer, dass die Sachen reichen. In den Ferien genieße ich es sehr. Man ist einfach entspannter, weil man nicht putzen oder kochen muss. Wir sind in einem All-inclusive-Hotel oder mein Mann kocht auch mal. Mein Mann bucht die Ferien immer. Er vergleicht gern und sucht alles im Internet raus. Es ist für alle was dabei, das ist das Schöne. Er bucht meist fast ein Jahr im Voraus, so können wir das Geld auf die Seite legen und es ist viel günstiger. Entweder ein All-inclusive-Hotel oder ein Kinderhotel, ein Ferienhaus mit Pool oder ein Freizeitpark mit Hotel. Es gibt Entspannung und Genuss für alle. Wir haben es wirklich gut, dass wir uns das leisten und auch leisten können. Unser großer Traum wäre es, mal mit den Kindern vier Wochen mit einem Wohnmobil durch Amerika zu reisen … Auch der Urlaub ist nicht immer einfach zu organisieren mit vier Kindern. Wir waren im Winterurlaub mit den Kids in einem Familienhotel. Ihr werdet es nicht glauben, aber selbst dort gibt es tatsächlich Eltern mit schon größeren Kindern, die sich an Einjährigen, die etwas herummotzen, beim Essen stören. Es ist doch ein Kinderhotel! Wo soll man denn sonst mit Kindern in die Ferien wenn nicht dorthin? Natürlich waren nur zwei Familien so komisch. Sonst war es einfach schön, dass so viele Familien mit drei oder vier Kindern da waren. Die Kinder hatten Freunde in jedem Alter zum Spielen und der Kinderklub war genial! Die Dreijährige wollte immer nur mit uns mitgehen, wenn wir ihr versprochen haben, dass sie am nächsten Tag auch wieder hingehen darf. Von zehn bis zwölf Uhr war der Skikurs ab drei Jahren und alle Großen waren versorgt. Sie fanden es total cool! Ab dem Mittag hatte der Miniklub offen und jeden Tag gab es einen anderen Ablauf. Für uns waren es auch Ferien. Mich hatte es einfach erwischt. Vor der Anreise hatte ich schon drei Tage Fieber. Ich musste am Montag zum dortigen Arzt, weil das Fieber immer mehr wurde. Ich hatte natürlich meine Reiseapotheke dabei, aber das reichte leider nicht.

Die Autofahrten sind meine Kinder gewohnt. Wenn wir zu meinen Eltern fahren, dann sind wir fünf bis sechs Stunden unterwegs. Ich fahre am liebsten abends los. Da werden sie schnell müde und schlafen dann. Jeder hat eine Nackenrolle und eine Decke und ich kann in Ruhe fahren. Es gibt Zeiten, da schnallen sie sich ständig ab und alles Reden und Erklären hilft nichts. Das Einzige, was dann funktioniert, ist einmal anhalten und an den Straßenrand stellen und einfach kurz zwei Meter vorfahren. Das ist hart, aber sie machen es nie wieder! Diese Minute Erfahrung ist es wert, wenn man dafür ihr Leben schützen kann. Für unterwegs ist es meist unvermeidbar, eine Trinkflasche dabeizuhaben. Von Tetrapäckli mit Strohhalm würde ich abraten, da die Zwerge garantiert plötzlich das Päckli zusammendrücken und alles voll und nass ist. Am besten bewährt haben sich bei uns die Trinkflaschen für den Sport. Der Verschluss lässt sich ab einem Alter von drei Jahren leicht mit dem Mund öffnen und wieder verschließen. Bis dahin hatten meine Kinder immer eine große Nuckelflasche oder eine Schnabeltasse mit Verschluss. Vor einer Autofahrt ist es unverzichtbar, dass die trockenen Kleinen noch mal aufs WC gehen müssen. Die Großen ab 8 Jahren können das nach dem Hinweis selbst entscheiden, aber alle anderen müssen gehen, da sonst bestimmt nach fünf Minuten von hinten aus dem Auto der Satz kommt: „Ich muss mal pieseln!" Ja, das kennt jeder!

Eigentlich hatte ich heute viel vor, aber jetzt habe ich morgen viel vor. Kennt ihr diese Tage? Man nimmt sich einen Haufen vor, aber wenn der Tag da ist, hat man keine Lust auf irgendwas. Frei nach dem Motto: Was du heut nicht kannst besorgen, das verschiebe doch auf morgen. Ich weiß, dass es nicht so heißt, aber so ist es viel stressfreier! Und dann gibt es Tage, an denen man alles auf der Liste in kürzester Zeit abhaken kann und noch den ganzen Tag vor sich hat. Meine Listen sind manchmal lang, was ich alles erledigen möchte und müsste und dann kommt der Moment, wo ich einfach loslege, es passt und dann ist es gemacht. Ich schreibe mir immer wieder solche Listen, auch jetzt vor dem Frühjahr. Was ich bis zum nächsten Winter alles gemacht haben möchte im Garten oder im Haus. Was erledigt werden muss und nicht warten kann oder was gekauft werden muss. Ich möchte endlich das Tiergehege für die Hasen und Meersäuli fertigstellen und die Pergola am richtigen Platz haben und die Bäume und Beerensträucher pflanzen, damit ich den Garten endlich richtig genießen kann. Im Moment setze ich mich noch hin und denke, das fehlt noch und das ist nicht fertig und mir fällt noch so viel ein, obwohl ich schon sehr viel geschafft habe. Aber einiges muss noch fertiggestellt werden, um genießen und entspannen zu können. Es sind alles solche Sachen, die ich aber doch nicht allein machen kann und organisieren muss. Aber es wird jedes Jahr mehr fertig.

Ich habe so einen Fenstersauger, ab dem dritten Kind war das ein Muss für mich. Überall sind Hände-, Mund- und Nasenabdrücke von den Kids, kaum sind die Fenster geputzt, sehen sie wieder gleich aus. Vorher habe ich es gehasst, Fenster zu putzen. Sprühen, wischen und dann trockenreiben ... Ewig dauerte es bei den großen Fenstern und dann gab es noch Streifen. Jetzt nehme ich Fit-Wasser, putze die Scheiben sauber und ziehe sie mit dem Gerät ab, fertig. Meine Vierjährige hilft auch mit und schnell sind alle Scheiben sauber. Wenn nötig auch jede Woche, keine große Sache mehr.

Diese Tage, an denen ich auch gern mal nichts machen würde, einfach nur schlafen oder ein Buch lesen und mal Zeit für mich allein haben, sind im Winter und bei schlechtem Wetter häufiger als natürlich bei Sonnenschein, dann freue ich mich auf den Garten und genieße es, den ganzen Tag draußen zu sein mit den Kindern. Es wäre cool, wenn meine Eltern in der Nähe wären, dann könnte ich auch ab und zu mal nur was für mich machen und hätte meinen Allrounder-Bruder öfter zum Helfen. Wenn er auf Besuch kommt, muss er immer mit anpacken. Ich bin schon der Handwerker, aber alles traue ich mir ohne Hilfe auch nicht zu. So muss ich mir halt selbst ab und zu mal freigeben. Ich genieße es auch mal, ohne Kinder normal einkaufen zu gehen oder in den Ausgang mit Kollegen. Gern gehe ich am Abend zu Kollegen, da ich weiß, dass die Kinder dort sowieso ab 20 Uhr schlafen und wir in Ruhe erzählen können. Einfach mal nur ich sein und nicht Mum, mal nicht erklären oder aufpassen müssen. Einen Wellnesstag hatte ich schon ewig nicht mehr, muss ich auch mal wieder einplanen. Einfach Auftanken, nur ich ganz in Ruhe.

Der Samichlaus kommt jedes Jahr zu uns. Ich melde uns bei der Gemeinde an und dann besuchen sie uns. Die Kinder haben etwas Respekt, aber sie sind immer sehr mutig und offen. Selbst mit neun Jahren sind sie sich noch nicht so ganz sicher, woher er jedes Jahr wieder so viel über sie weiß. Das sieht man ihnen genau an. Das mit den Wünschen zu Weihnachten ist sehr schwierig. Sobald die Herbstferien fertig sind, fängt es eigentlich schon an. Im Fernsehen sehen sie in der Werbung nur noch Spielzeug und es kommt jede Woche ein anderer Spielzeugkatalog ins Haus. Das ist für Kinder zu viel. Sie sehen es und wollen es haben, fast jeden Tag ändert sich der Weihnachtswunsch. Da dies immer sehr anstrengend war, machen wir es jetzt so, dass sie bis Ende Oktober Zeit haben, drei Wünsche aufzuschreiben. Dann werden die Wunschzettel abgegeben. Es gibt entweder das, was darauf steht oder wenn nichts Vernünftiges dabei ist, etwas anderes ... Dafür haben wir kein Gestürm mehr! Sie fragen zwar, was sie bekommen, aber ich sage dann immer nur, dass es ihnen doch bis jetzt immer gefallen hat.

Sind Kinder eine Hilfe im Haushalt oder können sie eher nur hinhelfen? Meist verursachen sie mehr Dreck oder Unordnung, als das sie beim „Helfen" etwas bewirken…Zum Beispiel beim Backen helfen endet es immer damit, dass man die Küche putzen muss, weil sicher Mehr oder Zucker beim hineingeben oder umrühren verschüttet wurde. Bis sie ca. dreijährig sind, machen sie wirklich viel Unordnung! Am liebsten räumen sie alles aus. Mein Großer liebte es, die Sockenschubladen auszuräumen. Ich habe in der Küche immer eine Schublade oder einen Schrankteil, welche sie jederzeit ausräumen dürfen. Entweder die Tupperwarenschublade oder die Geschirrtücher, dann sind sie zufrieden. Wenn man es immer mal wieder einräumt, haben sie Freude. Und natürlich die Spielzeugkiste.

Es kommt immer einiges an Spielzeug zusammen, vor allem bei vier Kindern. Ich habe eine fahrbare Kiste, welche auch jedes Mal beim Laufenlernen gleich noch zum Rollator umfunktioniert wird. Diese Kiste wird jeden Tag mindestens einmal ausgeräumt. Ich tausche das Spielzeug zwischendurch immer wieder mal aus, dann bleibt es interessant.

Wenn ich Fotos einkleben und etwas erledigen möchte oder muss, geht es am besten, wenn ich eine Liste mache, und sobald etwas Zeit ist oder wenn alle im Bett sind, wird diese dann abgearbeitet.

Ich mache nur noch am Abend nass sauber, wenn alle im Bett sind, dann weiß ich, dass wenigstens mal acht Stunden lang alles sauber ist und ich habe das Gefühl, dass es sich lohnt. Sonst muss ich mindestens einmal am Tag Staubsaugen und manchmal sogar noch ein- bis zweimal mit dem Besen fegen, je nachdem, was runterfällt, und es fällt viel runter. Mindestens einmal am Tag wird etwas ausgeleert, meine Dritte hat da ein Talent dafür. Und dann diese kleinen und großen Krümelmonster. Der Wahnsinn, dass man so viel krümeln kann an einem Tag. Da isst man Kuchen am Nachmittag in der Küche und plötzlich sind die Krümel sogar bis ins Wohnzimmer gestreut, keine Ahnung, wie sie das machen.

Die Freundin mit nach Hause bringen, bis jetzt ist das Thema noch nicht so präsent, aber das kommt dann vielleicht auch bald mal. Der Große wird jetzt schon 12 Jahre alt. Ich durfte immer meine Freunde mit nach Hause bringen und mit in mein Zimmer nehmen. Meine Eltern waren da recht offen und froh, wenn sie wussten, wo wir waren, meine Großeltern fanden das nicht so gut. Wir haben jetzt auch einen Partyraum, in dem noch die Wii-U, ein Fernseher und ein Sofa stehen. Ein Paradies für Teenager, um mit Kollegen oder Freundinnen abzuhängen. Man weiß, wo sie sind, muss sich weniger Sorgen machen und hat sie noch etwas unter Kontrolle.

Viele Leute meckern heute über die Jugend. Wir hatten vielleicht noch etwas mehr Respekt gegenüber dem Alter, aber mal einen über den Durst getrunken und gefeiert haben wir doch alle. Die Geschichten von meinen Eltern und Großeltern hören sich auch nicht wirklich anders an. Es gab halt noch keine Drogen wie heute, aber das ist eine Sache der Willensstärke, wenn man auch Nein sagen kann. Der Respekt, das ist Erziehung, das lernt man oder nicht. Heute ist die Gefahr eher das Internet. Mit den sozialen Netzwerken, dass man plötzlich dort vorkommt und der Chef und alle anderen vom letzten Wochenende wissen. Das muss man den Jugendlichen klarmachen.

Die Pünktlichkeit lässt ab dem ersten Kind meist nach. Erstens muss man an so viele Sachen denken für einen Ausflug und meist, wenn man fertig ist und das Kind eingepackt hat, wird der Kopf rot und die Hose voll, manchmal auch gerade bis ins Genick, oder es erbricht und alles riecht nach saurer Milch, also wieder umziehen. Und sicher zu spät kommen …

Sachen für einen normalen Ausflug: Wickeltasche mit Windeln, Feuchttücher, Salbe, Fläschchen, Sabberlatz, Wechselsachen, heißes oder warmes Wasser, Pulver, Wickelunterlage bei Bedarf. Später noch: Obst oder Knabberzeug für den kleinen Hunger und Tee und Spielzeug oder ein Buch. Oder bei einem Arztbesuch: Alles wie oben und Mutterpass bzw. Impfausweis, Decke und Fragenzettel.

Ich habe zu wenig Zeit für meine Freunde! Ich wünschte, ich könnte es anders einteilen, aber leider bleibt mir zu wenig übrig. Ich denke, wenn die Zwerge dann mal wieder in den Kindergarten oder in die Schule gehen, dann bleibt am Vormittag Zeit für mich und zum Kaffee trinken … Ich würde gern öfter weg oder meine Freunde treffen. Aber wenn es nicht so läuft, dann habe ich keinen Elan mehr und meine Energie brauche ich dann für mich. Mir fehlen diese Abende, an denen man spontan zusammenkommt und einfach erzählt. Ich genieße es, Freunde um mich zu haben. Für meine „alten" Freunde in Deutschland habe ich auch kaum Zeit und am Abend, wenn ich müde bin, mag ich nicht mehr telefonieren, dann bin ich froh, einfach in Ruhe auf dem Sofa zu sitzen. Es ist frustrierend, aber ich kann eben fast nicht anders. Ich habe selbst so viel im Kopf und so viel los. Ich bekomme vieles nur am Rand mit und möchte doch gern selbst für die wichtigsten Leute da sein und öfter Zeit haben, aber ich habe selbst so viel um die Ohren … Es fehlen mir meine besten Freunde. Klar habe ich hier auch neue Freundinnen gefunden, aber das Spontane geht im Moment noch nicht wieder. Ich vermisse die Zeit von damals, also die Freunde in der Nähe zu haben, einfach klingeln gehen und man macht was zusammen. Im gleichen Ort und sie kennen mich und ich sie und lassen sich nicht beirren und wissen, was ich kann und wie ich bin, schon so viele Jahre … Das wäre schön. Solche Freunde gibt es nicht viele. Da muss man so viel Zeit investieren und einfach da sein und reden und zuhören, sich austauschen. Auch viele Feiern habe ich leider nicht besuchen können, durch die weite Entfernung, arbeiten, Kids, Krankheit und alles drum herum … Oft ist das nicht einfach zu planen, da brauche ich schon eine Vorplanzeit von zwei bis drei Monaten … Ich habe häufig ein schlechtes Gewissen den Lieben gegenüber, die sich oft die Zeit nehmen und sogar in die Schweiz kommen. Es sind nicht viele. In den ersten

Jahren wollte jeder mal kommen und schauen, aber nur wenige sind übrig geblieben ... Ich versuche, alle zu besuchen, aber schaffe es doch oft nicht in den paar Tagen zu Hause, das ist so schwierig. Ich mag auch nicht jeden Tag zwei Leute besuchen. Ich brauche Zeit für die Familie und etwas Ruhe zwischendurch. Es ist zum Verrücktwerden. Die ganz wichtigen Lieben besuche ich immer wenigstens einmal, zweimal wäre genial, aber das ist nicht immer machbar ... Andere besuche ich nur jedes zweite Mal, weil es einfach nicht passt von den Terminen her. Schade, aber jeder hat sein Leben ... Es werden auch weniger mit der Zeit. Wenn ich mich als Einzige melde und nichts von der anderen Seite kommt, dann wird es mit der Zeit weniger und dann verstummt es. Dann laufe ich nicht mehr hinterher. Schade, aber beide Parteien müssen es wollen und sich bemühen. Sogar die Kolleginnen hier werden von mir vernachlässigt, da ich eben viele Termine habe. Wird ab August dann auch wieder ruhiger vormittags. Und wenn nichts zurückkommt, dann verstummt es ... Die richtigen Freunde bleiben, auch wenn man sich mal länger nicht gesehen hat. Als wäre nicht viel Zeit vergangen, man kann einfach wieder anknüpfen und über alles reden. Das sind nur wenige, aber die wissen es ganz genau und die trägt man im Herzen und sie einen auch!

# Hobbies und Auspowern

Die Hobbies der Kinder sind wichtig, aber am liebsten würden sie alles machen und immer wieder wechseln. Wenn einer der Freunde ein anderes Hobby hat oder andere Interessen, würden sie es sofort gern ausprobieren. Es ist schwierig, nein zu sagen. Ein oder zwei Hobbys sind okay. Es kommt auf das Kind an. Meine Kinder können nicht ständig wechseln, wenn sie sich für etwas entschieden haben, müssen sie ein Jahr dabeibleiben. Ich bin der Meinung, dass die Kinder ab einem gewissen Alter selbst zu ihren Hobbys kommen sollten. Sie spielen Fußball in unserem Ort und können selbst mit dem Roller oder Fahrrad hinfahren. Sie haben zweimal pro Woche Training und am Wochenende ein Match. Im Winter müssen sie einen Ort weiter, dann bilden wir Fahrgemeinschaften. Sie möchten gern Judo machen oder Eishockey spielen, aber das wäre zwei- bis dreimal pro Woche und immer 15 Minuten Hin- und Rückfahrt mit dem Auto. Das geht nicht neben der Arbeit. Außerdem finde ich es zu viel. Die Jungs haben dann noch je ein Musikinstrument. Dafür müssen sie auch noch üben und haben Proben. Das reicht, sonst haben sie keine Zeit mehr zum Abmachen und um mit Freunden zu spielen.

Die Kinder müssen sich auspowern können. Man merkt es an Regentagen, wenn keiner Lust hat, nach draußen zu gehen, dann haben sie am Abend überschüssige Energie. Aber die Kinder stört es am wenigsten, wenn es regnet. Einfach Gummistiefel, Regenhose und Regenjacke anziehen und los geht es. Sie lieben es, durch die Pfützen zu hüpfen bis alles nass ist.

Ich genieße es sehr, dass wir jetzt seit bald zwei Jahren ein Haus mit Garten haben. Wir haben im Garten ein großes Trampolin stehen, das ist praktisch zum Auspowern. Im Sommer steht noch ein Drei-Meter-Pool im Garten, dann sind am Abend garantiert alle müde. Wir haben auch ein selbst gebautes Spielehaus. Das habe ich mit den Jungs zusammengebaut. Dem Großen hat es viel Spaß gemacht und der Zweite hat auch mitgeholfen. Wir haben im Garten eine Schaukel und einen Sandkasten, eine Tischtennisplatte und einen Basketballkorb. Auch eine Rutsche am Hang, welcher im Winter perfekt zum Rodeln für alle Kids ist. Wir haben Hängematten, viele verschiedene Beerensträucher und Säulenobstbäume. Es ist kein großer Garten, aber genug. Ich genieße es! Es ist schön, ich kann die Kinder nach draußen schicken und sie können sich auch mal allein beschäftigen. Wenn schönes Wetter ist, können wir den ganzen Tag im Garten sein. Wir spielen Federball oder Fußball und vieles mehr. Ich habe Gartenkinder und das freut mich. Sie gehen gern nach draußen. Klar würden sie auch den ganzen Tag vor der Wii-U sitzen oder vor dem Computer, aber sie wissen, dass es diese frühestens nach dem Abendessen gibt. Wenn es warm ist, sind sie freiwillig draußen im Garten, bis sie ins Bett müssen oder es dunkel wird. An Regentagen können wir einfach mal drinnen Gesellschaftsspiele spielen oder fernsehen. Ich freue mich immer auf den Winter mit richtig viel Schnee und wenn es ganz kalt ist. Wir bauen dann Schneemänner, Sprungschanzen, Schneehöhlen und gehen schlitteln, da werde ich auch wieder zum Kind.

Ich habe jetzt auch endlich eine Werkstatt. Wir haben im letzten Jahr schon einige Sachen gebaut und noch so viele Ideen. Zum Beispiel ein Fledermaushotel, einen Nistkasten und ein Insektenhotel. Der Große ist auch ein Handwerker, er liebt es wie ich, Sachen zu bauen. Außerdem haben wir in der Werkstatt unsere Schmetterlingszucht. Immer, wenn die Kinder eine Raupe finden, schauen wir auf einer Internetseite nach, welche Schmetterlinge das werden und was die Raupen fressen. Wir füttern sie dann, bis sie sich verpuppen und warten gespannt, ob es stimmt. Wir lassen sie aber immer frei, sobald sie geschlüpft sind. Das ist jedes Mal wieder schön. Auch jetzt haben wir wieder drei Schwalbenschwanzpuppen über den Winter. Ich freue mich schon auf eigene Frühlingsboten. Die großen Jungs lieben es immer noch und suchen die Raupen überall. Für mich sind Gartenarbeit und Handwerken wie für meinen Mann das Joggen, da kann ich abschalten und nachdenken. Ich unternehmen auch ab und zu mal wieder etwas mit den Kindern, zum Beispiel eine Fahrradtour um den See, dann machen wir immer wieder Pausen zum Baden, Tretbootfahren und Eis essen. Oder wir gehen in die Badi oder schlitteln, ins Kino, zum Minigolf oder nur spazieren bis zum großen Spielplatz, es gibt so viele Möglichkeiten und es muss ja nicht immer etwas kosten. Wir treffen auch oft Freunde, wobei ich meist zu ihnen fahre. Obwohl ich vier Kinder habe, sind wir irgendwie trotzdem flexibler.

Was ich wirklich schade finde, ist, dass es oft an Spontanität fehlt. In meiner Kindheit war es irgendwie entspannter. Die Woche war nicht so durchgeplant. Wir sind einfach zu den Freunden klingeln gegangen und haben sie gefragt, ob sie zum Spielen rauskommen. Heute muss man mindestens am Tag vorher anrufen und fragen, ob die Kinder Zeit haben zum Spielen und oft hört man dann: „Also in drei Tagen um 15 Uhr hätte er Zeit." Meine Jungs haben zwar auch Termine, aber doch nicht so einen durchgeplanten Tag. Sie haben gewisse Zeiten und Regeln, an die sie sich halten müssen und auch mal Abmachverbot, aber doch oft freie Zeit für Freunde. Sie machen gern auch mal spontan ab und müssen öfter akzeptieren, dass keiner Zeit hat. Wichtig ist, dass die Jungs um halb sechs zu Hause sind und ich möchte immer wissen, wo sie sind.

Wir haben recht viele Haustiere. Es sind natürlich alles ihre, wenn man die Kinder fragt, aber eigentlich sind es meine. Ich füttere sie und versorge sie. Ich brauche das, ich hatte immer Tiere. Wir hatten in meiner Kindheit einen Bauernhof mit vielen Tieren und ich durfte immer eigene Haustiere haben. Das würde mir fehlen. So ganz ohne Tiere könnte ich nicht sein. Wir haben Katzen, Hasen, Meerschweinchen, einen Hund und ein Aquarium. Es gehört für mich dazu und die Kinder genießen es und wachsen damit auf. Unser alter Kater ist ganz speziell. Der Große war eineinhalb Jahre alt, als wir ins Tierheim gefahren sind, um eine Katze auszusuchen. Er ist in den Raum reingestürmt und hat sich gefreut. Alle Katzen waren weg, nur unser Kater hatte keine Angst. Das war zweimal so, eigentlich hat er uns ausgesucht. Er geht immer mit spazieren, fast wie ein Hund und er hat schon sechs seiner sieben Leben verspielt. Einmal war er irgendwo zwei Wochen in einer Garage eingesperrt, er war vielleicht neugierig, ist hineingegangen und sie sind in den Urlaub gefahren. Wir haben ihn gesucht und plötzlich nach zwei Wochen steht er nachts um eins in der Wohnung und miaut wie verrückt. Er war völlig abgemagert und sah fürchterlich dünn aus. Der Tierarzt musste ihn recht aufpäppeln, aber er hat es überstanden. Dann ist er in ein Güllefass gefallen und kam grün, triefend und stinkend nach Hause, es war alles voll im Flur. Er hat sich freiwillig einseifen und abduschen lassen. Er war wohl froh, dass er es nicht abschlecken musste. Einmal hatte er eine OP wegen eines Abszesses und einmal war das Bein hinten links gebrochen, wahrscheinlich von einem Tritt! Dann geht er oft in den Ferien auf Reisen wie wir, so nach dem Motto: Wenn ihr nicht da seid, wieso soll ich dann. Mittlerweile ist unser Opa eben ca. 14 Jahre alt und immer noch der Schmusekater und mein Liebling. Wir haben schon öfters nach vier Tagen des Verschwinden gedacht, dass er jetzt wohl nicht mehr heimkommt, aber ich hoffe, wir haben ihn trotzdem noch ein paar Jahre. Sein Lieblingsplatz ist die Ofenbank. Die zweite Katze ist sehr scheu, sobald fremde Leute bei uns zu Besuch sind ist sie weg. Wir haben sie von einem Bauernhof, sie war die Kleinste und hatte keine Mutter mehr, also haben wir sie mitgenommen. Sie schmust aber gern mit uns, man darf sie aber nur am Kopf streicheln, sonst beisst sie. Die dritte Katze weiß nicht, dass sie Krallen hat, sie lässt sich einfach alles gefallen, vom Hund und von den Kindern. Den Hund habe ich jetzt schweren Herzens wieder abgegeben. Mit der Arbeit, dem Haushalt und den Kindern war es zu viel, ihn auch noch zu versorgen. Es ist traurig, aber es war einfach zu viel.

Aus der Erfahrung heraus weiß ich, dass die Kinder sich dann auch wieder eine kurze Zeit selbst beschäftigen können, wenn man sich Zeit nimmt und bewusst mit ihnen spielt. Das geht nach und nach immer besser und man kann einigermaßen in Ruhe seine Aufgaben erledigen.

Instrumente lernen ist ja schön, nur das mit dem Üben ist so eine Sache. Von der ersten bis zur dritten Klasse hatte der Große Trompetenunterricht. Kennt ihr diese endlosen Diskussionen. „Alle anderen können es schon besser und schönere Lieder spielen." Worauf ich antworte: „Aber die anderen lernen auch schon seit zwei Jahren oder üben vielleicht mehr als ein- bis zweimal pro Woche." Oder: „Wenn du mehr üben würdest, dann könntest du auch besser spielen." Na ja, es war nur ein Kampf mit dem Üben. Also hatte er zwei Jahre lang eine Pause und möchte jetzt ab der sechsten Klasse wieder spielen. Er weiß aber, dass es seine letzte Chance ist, wenn es wieder genauso wird, dann kann er es später selbst bezahlen.

Ich bastle und baue so gerne mit Holz, Papier und allem, was möglich ist. Ich bin der handwerkliche Typ. Ich baue die Möbel auf, streiche die Zimmer und gestalte den Garten so nebenbei. Das ist Entspannung pur für mich. Auch das Heckenschneiden, Rasenmähen oder Schneeschieben mache ich sehr gern.

Wir basteln immer etwas Gruseliges für Halloween oder

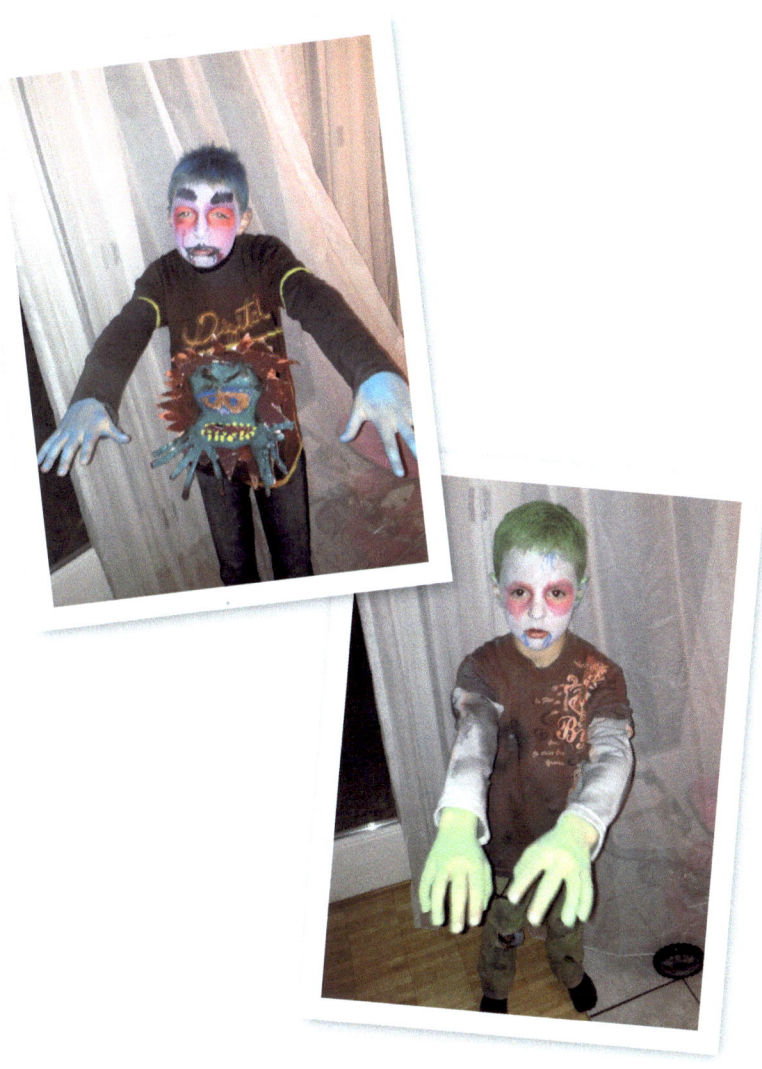

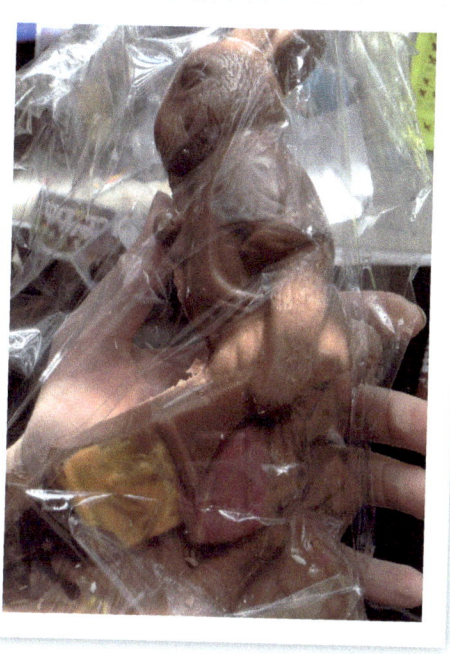

die Fasnacht. Und wir gehen mit selbst gemachten Räben zum Räbeliechtliumzug. Außerdem gibt es die Möglichkeit, Osterhasen selbst zu gießen, das ist jedes Jahr wieder genial. An den Ostersträußen hängen selbst bemalte Eier. Die Oster- und Weihnachtskarten müssen die Kinder mit mir basteln oder malen und schreiben. Die Weihnachtsgestecke sowie die Bilder oder Geschenke für Großeltern und Paten zu Weihnachten und zum Geburtstag machen wir auch selbst.

Baustellenkinder: Meine Jungs sind ein Jahr lang auf einer Baustelle aufgewachsen. Patrik war vier bis fünf und Leon zwei Jahre alt. Wir hatten ein Haus gekauft und haben es vollkommen entkernt und mit einigen Firmen und in viel Eigenleistungen neu aufgebaut. Sie haben es geliebt, konnten mithämmern und malen und kleistern und hatten immer Nägel und Schrauben und alles Mögliche zum Spielen. Sie haben im Sommer in großen ehemals Farbeimern mit Wasser gebadet und haben sich im Urwaldgarten versteckt. Sie haben auf einer Matratze oder Luftmatratze im Zimmer oder im Garten im Schatten geschlafen und fanden es normal und gar nicht schlimm. Es schadet ihnen nicht. Sie sehen, dass man immer mal was machen muss und helfen auch mit. Sie genießen es, einfach dabei zu sein und beschäftigen sich auch mal allein. Als wir 2014 ins Haus gezogen sind, hat Paula auch mitgeholfen, sie hat es ebenfalls geliebt, mit zu malern. Die großen Jungs haben dann die Möbel mit ab- und aufgebaut, die Kisten ihres Zimmers mit aus- und eingepackt und auch die Wände mit bemalt. Die Jungs kennen mich eigentlich gar nicht anders. Ich spiele und tobe gern mit ihnen und dann mache ich auch mal wieder etwas im Garten oder im Haus, die Kids sind immer rundherum und spielen selbst etwas oder helfen, wenn es geht.

Die Helmpflicht halte ich bei Velos oder Inlineskates für nötig, aber ehrlich, beim Rollerfahren …? Ich frage mich manchmal wirklich, wie wir das damals alles überlebt haben. Es gab keine Helme und keine Gurte im Auto. Ich bin nicht unvorsichtig, aber auch nicht überfürsorglich. Realistisch trifft es.

Meine Kinder dürfen sich auch schmutzig machen. Ich habe aus Prinzip meist Wechselsachen dabei. Braucht man ja eh, entweder wird gekleckert oder etwas ausgeschüttet oder sie fallen eben in der tiefsten Pfütze hin. Gutes Beispiel: Wir sind im Herbst bei meinen Eltern zum Dorfteich spaziert. Es hatte viel geregnet und das Wasser war auch schon etwas gefroren. Auf den Wiesen stand stellenweise 30 bis 40 cm hoch Wasser und meine Jungs, ca. sieben und neun Jahre alt, waren mit den Velos unterwegs und die Zweijährige zu Fuß. Die Jungs wollten uns zeigen, wie mutig und groß sie waren, und fuhren mit Vollgas durch die Pfützen, aber dass die eine so tief war, dass sie in der Mitte stehen blieben und in Zeitlupe auf die Seite mitten ins Wasser kippten, liegen blieben und brüllten ... Wir haben so gelacht, und als sie uns so sahen, mussten sie auch loslachen. Es sah herrlich aus, wie sie umfielen. Keine Angst, es ist nichts passiert. Wir sind zurück und sie haben warm gebadet und neue Sachen angezogen, aber darüber lachen müssen wir noch heute, wenn wir über die Wiese laufen ... Die Kleinsten fallen garantiert auch oft genug in irgendwelche Matschpfützen, wenn sie beim Laufen noch nicht so sicher sind. Das Wasser zieht sie immer an. Und wenn auch mal Löcher in den Hosen sind, dann ist es halt so, es sind Kinder und sie dürfen das. Sie müssen schon etwas aufpassen und sie nicht mit Absicht kaputtmachen, aber wenn es mal passiert, und wenn schon, davon geht die Welt nicht unter. Weiße Sachen ziehen sie maximal als Unterwäsche an. Im Garten oder auf dem Spielplatz dürfen sie in der Erde buddeln und im Sandkasten spielen. Sobald es warm genug ist, gibt es auch wieder etwas Wasser zum Spielen. Wir haben doch schließlich Waschmaschinen und Badewannen. Auch wenn an manchen Tagen der Wurm drin ist und man sie gefühlte 50 Mal umziehen muss, ruhig bleiben! Es gibt Schlimmeres! Hauptsache sie sind wohlauf und gesund!

So ein Garten ist wirklich das Schönste was es gibt für Mütter und Kinder! Am besten mit einem Zaun! Meine Kinder lieben es, wenn am Morgen schon die Sonne scheint und im Sommer sowieso. Frühstücken, anziehen und raus ... Rumtoben und spielen, am Nachmittag mit Freunden. Ich weiß, dass die Kleinen nicht raus können und einigermaßen sicher sind. Es gibt natürlich immer irgendwelchen Blödsinn, der ihnen einfällt, an den man gar nicht denkt, bis einer das zum ersten Mal gemacht hat, wie zum Beispiel die Schubkarre umschmeißen und darunter sitzen und nicht mehr rauskommen, oder zu versuchen, den Ball aus dem Nachbarsgarten zu holen und auf dem Drahtzaun kopfüber hängen bleiben und nicht mehr zurück kommen oder beim Schaukeln kopfüber oder mit dem Fuß hängen bleiben. Und Wasser, ihr glaubt gar nicht, wie anziehend Wasser ist, die kleinste Pfütze wird gefunden und reicht aus, sich, obwohl es nicht regnet, Hose und Jacke so nass zu machen, dass man alles wechseln muss ... Meine Kids hatten im Frühjahr und Herbst immer die gefütterten oder die einfachen Gummihosen an und im Winter einen Ganzkörperskianzug. So bleibt alles warm und meist auch trocken. Wenn die Kinder im Garten sind, bekomme ich auch im Haus mal etwas ganz in Ruhe fertig. Das heißt zum Beispiel, ich kann die Betten beziehen, ohne dass jemand darauf herumhüpft. Ist zwar für alle lustig, dauert aber viermal so lang ... Oder Wäsche zusammenlegen, sie helfen gern, aber eher dabei, sie wieder auseinanderziehen. Klar gilt dann immer noch, mit einem Ohr hinzuhören und ab und zu einen Blick zur Kontrolle zu werfen. Am besten in einem Zimmer das Fenster öffnen, dann hört man sie, und wenn es ruhig ist ... losrennen und nachschauen ... Am liebsten kochen sie Blümchen-Gras-Matsch-Kreidestaub-Suppe, backen Sandkuchen und toben sich aus. Am Abend sind alle müde ... Yes, Ziel erreicht! Um acht ist Ruhe! Die Kids haben ab der ersten Klasse Schnitzmesser bekommen und mussten zuerst unter Aufsicht üben und durften dann auch alleine schnitzen. Ich habe Laubsägen gekauft und ab drei Jahren lieben sie es, Nägel einzuhämmern oder Schrauben einzudrehen mit dem alten Akkuschrauber. Außerdem helfen sie immer, wenn ich etwas baue oder im Garten mache. Klar dauert dann alles viel länger und es braucht Nerven, aber sie freuen sich und lernen das Handling und trauen sich was zu. Ich habe einen Waldrucksack, dort sind Seile, Nägel, Hämmer, Sägen und Schnüre drin, um Spielzeugflöße, Pfeil und Bogen oder was auch immer zu bauen. Es gibt ja überall Grillplätze oder Seen oder Waldspielplätze und dort können sie sich ewig beschäftigen. Wenn wir auf den großen Spielplatz gehen, haben wir auch immer Sandspielzeug dabei, da ist ein Brunnen mit einer Pumpe, das ist im Sommer total cool … Bis zum vierten oder fünften Lebensjahr ziehen die Zwerge die Schuhe meist verkehrt herum an. Es hilft, einen halbierten Aufkleber in die Schuhe hineinzukleben oder bei hellen Sohlen eine halbe Sonne mit wasserfestem Stift hinein zu malen, dann klappt das perfekt. Und natürlich Schuhe mit Klettverschlüssen, die kann auch schon ein Dreijähriger anziehen und zumachen.

Bei Handschuhen habe ich die Erfahrung gemacht, dass meine Kinder ab einem Jahr am liebsten Stoff-Fingerhandschuhe getragen haben. Diese sind zwar schneller nass, aber sie haben sie angelassen. Ich hatte immer zwei bis drei als Reserve im Auto, wenn wir unterwegs waren. Mützen kaufen wir immer mit Bändchen, dann bleiben die auch auf, ab drei Jahren ist es egal.

Sie haben Strumpfhosen getragen, dann haben sie seltener Schnupfen, weil die Beinchen doch immer warm sind. Socken haben meine Kids bis zu einem Alter von ca. drei Jahren wirklich nur im Sommer getragen. Später gab es dann lange Unterhosen für die Jungs im Winter und Strumpfhosen für die Mädels, wenn es richtig kalt war oder es in den Schnee ging.

Im Sommer habe ich Sonnenschirme zum Versetzen, das ist praktisch. Entweder über dem Sandkasten oder dem Pool – da, wo die Zwerge am meisten spielen, steht ein Schirm. Sonnencreme nehme ich immer nur die gleiche. Sonnenhüte oder Cappis haben sie auch oft auf. Sonnenbrillen empfehle ich für den Schnee oder bei langen Wanderungen, sonst nur, wenn die Kinder wollen. Sie wissen, dass sie immer im Schub bei der Sonnencreme und der Insektenstichsalbe sind, und sehen sie so beim Eincremen immer wieder. Im Winter sind in diesem Schub die Handschuhe, die Lippenpomade und die Gesichtscreme. Wenn die Kinder ganz klein sind, haben sie oft raue Wangen von der Kälte, wenn man sie nicht eincremt. Es geht natürlich auch ein Pappcarton oder ein Beutel.

Das ewige Raussuchen der Anziehsachen hat ein Ende, wenn man einfach zwei verschiedene Outfits parat legt und der Zwerg darf eins aussuchen. Keine Angst, die meisten Kinder wissen, was sie wollen oder ziehen das an, was man ihnen gibt, aber da gibt es zum Beispiel noch die Leons, welche immer erst zwei bis drei verschiedene Sachen anprobieren müssen oder eine Auswahl brauchen. Oder sie müssen am Abend vorher schon die Sachen rauslegen und die Sporttasche packen. Dann geht es am Morgen vor der Krippe oder der Schule entspannter.

# Rechte, Pflichten und Lob

Die Jungs haben einen Aufgaben- oder Ämtliplan, darauf steht zum Beispiel Zimmer aufräumen und staubsaugen, einmal pro Woche mit dem Hund gehen und Löwenzahn für die Tiere holen sowie Rasen mähen. Je nachdem, wie sie ihre Aufgaben erledigen, gibt es das ganze Taschengeld oder nur die Hälfte. Aber sie helfen auch so im Garten und im Haushalt mit, nicht immer ohne Murren, aber das gehört dazu.

Das Taschengeld gibt es seit der ersten Klasse. Sie bekommen pro Klassenstufe einen Franken pro Woche, oder eben nur die Hälfte. Ab einem Alter von 13 Jahren bekommen sie das Taschengeld einmal im Monat ausgezahlt. So müssen sie lernen, es sich einzuteilen. Wenn sie etwas Großes zum Geburtstag oder zu Weihnachten möchten, dann müssen sie die Hälfte mitansparen, damit sie gut darauf aufpassen. Wenn sie etwas absichtlich kaputtmachen, dann müssen sie auch die Hälfte für das Neue zahlen.

Die Regeln kennen sie, aber wie auch wir das gemacht haben, wird versucht, sie manchmal zu dehnen oder zu ignorieren, sie müssen dann einfach auch mit den Konsequenzen rechnen. Ich bin immer froh, wenn ich mit Freunden abmache, die Kinder haben, und dann sehe, dass es überall gleich ist! Dass die Kinder die Grenzen austesten und einen auch oft fordern. Aber waren wir nicht auch so? Ich denke oft daran, wie ich war, auch nicht immer brav und artig. Aber es wäre ja auch nicht normal, jeder muss sich selbst finden. Wenn die Kinder mit anderen unterwegs sind, klappt es mit dem Benehmen viel besser. Außerhalb ist es immer etwas Anderes und das ist auch gut so. Wenn sie zu Hause eher austesten, wie weit sie gehen können, weiß jedes Kind im Ausgang mit anderen Erwachsenen, was es darf und was es nicht darf. Das ist immer wieder erfreulich und sehr beruhigend! Aber auch das ist glücklicherweise bei allen Familien gleich.

Ich glaube fest daran, dass jede Mutter genau sehen kann, wenn die Kinder mal lügen, an der Reaktion oder dem Gesichtsausdruck. Meine Kinder konnten mir bisher noch nie was vormachen. Wenn der Große mal versucht zu lügen, hat er so einen speziellen Gesichtsausdruck, der ihn verrät, und der Zweite muss dann so komisch grinsen. Die Dritte ist noch ganz schlecht im Lügen, sie schiebt es zum Beispiel am Morgen, wenn die Jungs in der Schule sind, auf sie, oder auf die ganz Kleine, wenn sie gerade Mittagsschlaf macht. Da muss ich mir wirklich das Lachen verkneifen.

Alle Kinder brauchen Liebe und Lob. Aber noch wichtiger ist es meiner Meinung nach, dass sie wissen, dass sie geliebt werden und dass man immer für sie da ist, auch wenn sie mal Blödsinn gemacht haben oder es mal Streit gab. Sie müssen wissen, dass man sie dann immer noch lieb hat, dass sie jederzeit wieder zu einem kommen können und alles wieder gut ist. Dass sie einem alles erzählen können und man für sie da ist. Sie wollen, dass man sie sieht, dass man das Gute sieht und sie lobt. Aber sie brauchen auch Regeln. Es ist schwierig, jedes Kind ist anders. Mein Erster war schwierig bis er sieben Jahre alt war; er hat gebockt und geschrien wie am Spieß und sich auf den Boden geworfen, wenn ihm etwas nicht passte. Er musste dann immer erst wieder runterkommen, bevor man wieder normal mit ihm reden und das Ganze klären konnte. Mein Zweiter ist jetzt gerade am Austesten der Grenzen, und zwar unerbittlich, so war der Große nie. Er versucht immer und immer weiter zu gehen und ist am Ende ganz sauer, wenn er die Konsequenzen tragen muss, wenn er zum Beispiel früher ins Bett gehen muss oder nicht abmachen oder nicht mit der Wii spielen darf. Ich kann ihn warnen und ihm erklären, was passiert und er macht trotzdem weiter, aber wenn mir der Kragen platzt und ich das Angekündigte durchziehe, dann ist er geschockt und sauer, jedes Mal. Ich hoffe, die Vernunft oder die Einsicht, dass man nicht immer mit dem Kopf durch die Wand kann und nicht bis ins Unendliche austesten sollte, kommt bald.

Er ist eigentlich sehr clever, aber in dem Punkt noch beratungsresistent und er weiß einfach nicht, wie weit er gehen kann. Die Dritte ist auch mal am Rumtrotzen, aber bei ihr ist das Einschlafen am anstrengendsten, sie will nicht allein schlafen, hat Angst im Dunkeln, trotz Nachtlicht und Kassetten, und nun schläft der große Bruder mit bei ihr. Jetzt geht es. Für sie ist es im Moment auch schwierig, da sie neuerdings anfangen ihre Spielsachen zu teilen. Die großen Jungs haben sich natürlich nicht für ihre Puppen oder das Mädchenspielzeug interessiert, aber die Kleine findet das natürlich schön. Die Große ist manchmal Schwester Rabiata, aber dann auch wieder ganz lieb zu ihr. Es ist nicht einfach für die Kinder, auch sie müssen sich immer wieder neuen Herausforderungen stellen und Neues dazulernen. Auch sie haben nicht immer gute Tage (wie wir alle) und so ist jeder Tag wieder ein neuer Tag, ein anderer Tag.

Bei mir gibt es auch mal Tage, an denen ich am liebsten nichts machen oder mal gern nur schlafen würde, aber dann kommt eines der Kinder und strahlt mich an und ich raffe mich auf, wir spielen etwas oder gehen spazieren und es ist wieder gut.

Meine Kinder „verbrauchen" viel Energie. Klar bekommt man auch welche zurück durch ihr Lachen und ihre Liebe. Man muss aber auch selbst geliebt werden und sich aufladen können, dann hat man Duracellpower. Sätze wie „Du bist die beste Mama der Welt" oder „ Ich hab dich so unglaublich doll lieb" gehen doch runter wie Öl und zeigen einem, dass man auf dem richtigen Weg ist. Die Kinder können das ab der Geburt, sie fordern einfach ihre Liebe und Zärtlichkeit ein, sie schreien und beruhigen sich nur auf dem Arm, sie strecken einem die Arme entgegen und kommen zu einem, sobald sie krabbeln können. Sie kuscheln so gern, selbst später noch, und genießen es sehr.

Den Kindern muss man auch zuhören und sie erzählen lassen. Sie kommen aus der Schule oder waren bei einem Kollegen und wollen dann erst mal alles erzählen, was gelaufen ist, das ist schön, es sprudelt dann einfach aus ihnen heraus, alles Gute und weniger Schöne. Man muss ihnen eben nicht nur Regeln aufzeigen, sondern auch Fragen stellen und das Wichtigste ist das Zuhören.

# Die Fortschritte meiner Kinder im ersten Jahr

Es ist erstaunlich, was im ersten Jahr alles läuft. Ich habe das jetzt gerade erst wieder bei meiner Jüngsten miterlebt! Sie ist jetzt im Januar ein Jahr und drei Wochen alt und hat zu Weihnachten angefangen zu laufen. Eine Woche an zwei Händen, dann an einer Hand und nach und nach ist sie immer längere Stecken allein gelaufen. Emilie will jetzt nur noch an einer Hand laufen und schafft schon zehn Meter, ohne hinzufallen. Sie freut sich sehr, wenn wir schauen, „Prima" rufen, uns freuen und klatschen. Dann ist sie stolz und ich bin es auch. Die Kleinen sind so süß, wenn sie frisch laufen, so tapsig und wackelig und kommen jetzt aktiv auf einen zu zum Kuscheln und zum Hochheben. Die Zwerge strecken einem die Arme entgegen oder halten einen am Hosenbein fest und strahlen nur. Wenn mein Mann von der Arbeit kam, krabbelte sie auf ihn zu und wollte unbedingt erst kuscheln und seine Aufmerksamkeit. Jetzt läuft sie schon auf ihn zu. Man sieht richtig, wie ihr das Laufen immer mehr Freude bereitet, wie es jeden Tag besser geht und sie sicherer wird. Und plötzlich steht der kleine Mensch vor dir und strahlt dich an, du merkst, dass er gelobt werden möchte oder er streckt dir die Arme entgegen und kuschelt sich dann auf deinen Arm und an dich. So schön! Auch beim vierten Kind ist für mich jeder Fortschritt, jedes neu Erlernte noch verzaubernd und macht mich stolz.

In den ersten drei Monaten:
Die Wachphasen werden länger. Die Kleinen schauen viel umher und reagieren auf Stimmen, Geräusche und Gerüche. Sie schielen am Anfang viel, die Augen machen noch, was sie wollen. Alle Kinder nehmen die Hand in den Mund. Die Bauchlage zwischendurch ist wichtig für sie zum Trainieren der

Muskeln. Zu Beginn sind es nur ein bis zwei Minuten, dann können sie entweder den Kopf nicht mehr heben oder ärgern sich über die Lage. Wenn man ihnen etwas zum Spielen vor die Nase legt oder sich auch mit vor ihnen hinlegt und mit ihnen spielt, gefällt es ihnen immer besser. Mit etwas Übung können sie immer länger den Kopf heben und umherschauen. Sie reagieren das erste Mal mit einem Lächeln auf Ansprache und Rumalbern. Mit dem Spielebogen fangen sie erst an, mit den Händchen oder Füssen dagegen zu hauen, dann greifen sie bewusst danach. Plötzlich können die Zwerge in Bauchlage den Kopf heben, und das immer länger. Sie drehen sich allein vom Bauch auf den Rücken und lächeln immer öfter bei Ansprache. Die Kleinen ziehen viele Gesichter, das ist so süß. Es entstehen „erre" und „krah" als erste Silben. Sie können die Zunge rausstecken. Meine Kinder haben sich die Augen gerieben, wenn sie müde waren und beherrschten perfekt die Schmolllippe.

Die kahle Stelle am Hinterkopf haben die Kinder oft mit zwei bis sechs Monaten. Da die Kleinen die meiste Zeit auf dem Rücken liegen und den Kopf bewegen, rubbeln sich die Haare am Hinterkopf ab. Diese wachsen wieder nach, sobald die Kinder weniger auf dem Rücken liegen und mobiler werden.

Bis zum sechsten Monat:
Das Baden macht ihnen jetzt Spaß, sie kichern und lachen beim Rumalbern. Manche Kinder drehen sich selbst vom Bauch auf den Rücken. Die Zwerge greifen bewusst mit beiden Händen nach Sachen. Vielleicht könnten sie zu dieser Zeit anfangen, etwas zu fremdeln. Sie genießen das Flitzeauto und freuen sich, das Mobil zu sehen. Ab der Mitte des fünften Monat gibt es den ersten Brei. Das Gesicht bei den ersten Löffeln ist unbezahlbar. Jetzt fangen die Kinder auch an, zu sabbern. Manche mehr und andere weniger, das liegt mit am Zahnen. Sie können nach den Füßen greifen und bekommen vielleicht den ersten Zahn. Man kann sie an den Händen in die Sitzposition ziehen und viele Kinder halten ihren Kopf selbst gut.

Bis zum neunten Monat:
Die Zwerge kommen über den Vierfüßler ins Sitzen. Sie können in Bauchlage den Popo hochstrecken und in die Krabbelposition gelangen. Im Vierfüßler krabbeln die Kleinen zuerst nur rückwärts. Sie lieben es, alle Schränke auszuräumen, können Knurren und Husten nachmachen. Die meisten Kinder werden alles in den Mund stecken. Es gibt diejenigen, welche nicht unbedingt einen Nuckel brauchen, aber dafür alles essen und in den Mund nehmen, was sie finden. Diese Kinder essen auch sehr gern Sand und Erde. Dann gibt es die Nuckelkinder, denen man bei Bedarf einfach den Nuckel geben kann und der bleibt im Mund. In dem Alter können viele Kinder aus der Bauchlage heraus über den Vierfüßler von selbst aufsitzen. Sie können ihre Flasche allein halten, klatschen und haben den Pinzettengriff gelernt.

Bis zum Alter von einem Jahr:
Die Kinder können jetzt vorwärts krabbeln und sich das erste Mal auf die Knie und das erste Mal allein ins Stehen hochziehen. Sie können die Treppe hochkrabbeln und rückwärts wieder runter. Die meisten Kinder können klatschen, winken und den Nuggi allein in den Mund stecken. Die Zwerge laufen an zwei Händen auf Zehenspitzen und können kurz frei stehen oder sogar an einer Hand laufen. Fast alle Kinder lieben den Sandkasten und das Schaukeln. Und plötzlich haben sie den Mut, allein loszulaufen und bekommen immer mehr Spaß daran. Sie können selbstständig auf das Sofa, den Stuhl oder den Tisch hochklettern und rückwärts wieder her runter. Sie lernen, einen Stuhl herumzuschieben, um überall hochklettern zu können. Fast alle Kinder können auch Schranktüren und Schubladen öffnen. Die Kleinen lieben das Bobby Car und das Tanzen zur Musik, sie können Headbangen und natürlich finden sie es super, im Wasser zu planschen. Die ersten Worte sind meist Mama, Papa, Danke, Bitte und Wauwau. Zicken können sie jetzt auch schon. Wenn ihnen etwas nicht passt, dann schmeißen sie sich einfach hin und strampeln. Spätestens ab jetzt können sie vom Tisch essen, haben aber noch nicht für alles genügend Zähne. Wenn man das alles

so liest, läuft im ersten Jahr wirklich sehr viel ab. Das Kind entwickelt sich vom hilflosen Neugeborenen bis zum selbstständig mobilen und essenden Kleinkind. Bei den Kindern gibt es auch verschiedene Arten sich fortzubewegen. Die meisten Zwerge krabbeln. Dann gibt es noch die, welche im Sitzen auf dem Popo herumrutschen, das sieht auch sehr lustig aus. Hauptsache, man kommt vorwärts und dorthin, wohin man möchte.

Die „fast" kindersichere Wohnung entsteht von allein. Wenn die Kleinen anfangen zu krabbeln, stellt man automatisch die Sachen weg oder hoch, welche gefährlich sind oder kaputtgehen könnten. Und je höher die Zwerge reichen, desto weiter oben stehen diese Gegenstände. Aber spätestens ab einem Alter von zwei Jahren verstehen sie schon genau, was sie dürfen und was für sie tabu ist. Ich habe zum Beispiel die Schränke mit Gläsern und Geschirr oben mit breitem Paketklebeband geklebt, damit sie diese nicht öffnen konnten, und somit waren die zerbrechlichen Sachen sicher.

Beim Rückwärtskrabbeln ist es für alle Zuschauer lustig, wenn die Zwerge unter dem Sofa oder dem Tisch landen und nicht mehr vor- oder weiterkommen, dann wird natürlich gebrüllt und zwei Minuten später passiert das gleiche Schauspiel wieder. Die Kinder motzen auch wenn sie sich ins Stehen hochziehen, aber noch nicht wissen, wie sie wieder ins Sitzen kommen oder sogar schon, wenn sie sich auf den Bauch drehen können und noch nicht zurück … Aber es wird hundertmal versucht, bis es klappt und dann kommt schon wieder die nächste Herausforderung. Ab dem Krabbelalter haben sie ständig Beulen. Beim ersten Kind ist das vielleicht noch weniger akut, da man sich voll und ganz dem Kind widmen kann. Beim Zweiten ist das dann schon schwieriger, da man nicht überall gleichzeitig sein kann. Sie können rollen, dann sitzen und krabbeln, kippen oft um und stoßen sich den Kopf an. Erst passen sie noch unter dem Couchtisch oder Küchentisch durch, dann stoßen sie plötzlich an und müssen erst lernen, dass sie sich ducken müssen. Es gibt auch überall diese verflixten Ecken, Kanten und Stolperfallen, vor allem, wenn sie zu laufen beginnen. Man sollte den Kindern in den ersten zwei bis drei Jahren im Sommer auch lieber dünne Dreiviertelhosen anziehen, bei kurzen Hosen sind die Knie schnell aufgeschürft. Aber eben, gerade wenn eine Beule fast nicht mehr zu sehen ist, kommt die Nächste. Egal, wie sehr man aufpasst oder sie warnt. Fast jeden Tag kommt es zu einem Sturz, einer Beule oder sie liegen einmal der Länge nach im Gras, aber im Grünen tut es wenigstens nicht so weh. Das Gesicht der Kids, wenn sie das erste Mal auf dem Gras umfallen und mit den Händchen darin oder barfuß sind, ist unbezahlbar. Wie beim ersten Schnee jedes Jahr. Das komische Zeug ist aber auch kalt in den Händen, aber dafür schmeckt es sehr gut.

Bis zu einem Alter von zwei Jahren:
Der Wortschatz nimmt immer mehr zu. Sie lieben es, Bücher anzuschauen und plappern und sie verstehen alles, können richtig zicken, aber auch zum wieder versöhnen eine Kusshand schicken. Kuckuck bah und Hoppe Reiter machen ihnen viel Spaß. Die Zwerge können schon Zusammenhänge erfassen, zum Beispiel die Schuhe holen, wenn man gehen muss, oder den Handfeger und die Kehrschaufel holen, wenn etwas her herunterfällt. Sie wollen bei allem dabei sein und helfen. Ich sage immer, es ist eher ein „Hin"-helfen. Die kleinen Zwerge lieben es Sachen ausräumen, herumzualbern, zu tanzen, sich zu drehen bis ihnen schwindelig ist, können ggf. auf dem Trampolin hüpfen, schaukeln und rutschen. Die meisten Kinder ziehen sich gern aus und probieren alle Schuhe an, am liebsten die größten. Sie ziehen viele Sachen übereinander an und verkleiden sich gern. Viele Kinder gehen gern spazieren, wollen selbst mit Händen, Löffel und Gabel essen, dies gibt oft eine riesige Sauerei, aber solange man keinen Teppich hat, ist das vertretbar. Dafür können sie selbstständig trinken. Es wird schon vieles einfacher, da sie selbstständiger werden, aber sie werden auch schneller.

Plötzlich, mit vielleicht einem Jahr oder etwas mehr, entdecken die Zwerge ihre kleine Zunge im Mund. Einen Tag lang oder auch zwei steht diese im Mittelpunkt, das hatten alle meine Kinder.

Aber man vergisst es so schnell wieder, bis der nächsten Zwerg diese Phase hat. In diesen Stunden wird die Zunge immerzu herausgestreckt und sie versuchen, dieses glitschige Ding mit den Fingern zu schnappen oder sogar festzuhalten. Es ist so lustig. Und so plötzlich, wie es kommt, ist es wieder vorbei. Aber es kann ab und zu nochmals wiederholt werden, aber dann nur stundenweise.

Wenn die Kleinen krampfhaft versuchen, einem zuzuzwinken. So süß. Sie können es noch nicht und kneifen verbissen beide Augen zu und brauchen vier bis fünf Sekunden, um sie wieder zu öffnen, aber es ist einfach herzallerliebst! Und dann probieren sie, nur ein Auge zu schließen und schaffen es einfach nicht, es gehen immer beide zu. Sie zwinkern dann auch mit jedem auf ihre Weise, aber man weiß, dass es gezwinkert ist.

Es gibt immer Abweichungen! Manche Kinder sind schneller bei den motorischen Fähigkeiten, andere in der sprachlichen Entwicklung. Es hängt auch davon ab, was die Kinder für Charaktere haben.

Mein Großer wurde immer überschätzt. Sie haben ihn schon ab einem Alter von zwei Jahren stets um zwei Jahre älter geschätzt, da er so groß war. Auch Leute, die ihn nicht kannten, sagten immer: „Rede doch mal ordentlich, mit vier Jahren kann man doch reden." Es war nicht einfach für ihn. Er ist natürlich immer noch der Größte in der Klasse und sieht aus, als wäre er 14 Jahre alt. Er wird definitiv größer als ich, er reicht mir jetzt schon bis zum Kinn und ich bin nicht klein. Der Zweite wird auch groß, aber sicher nicht viel größer als ich. Aber wer weiß, es gab in meiner Klasse auch zwei Jungs, die immer die Kleinsten waren und jetzt sind sie beide viel größer als ich.

Alle Kinder sind unterschiedlich. Das eine redet schneller, das andere krabbelt schneller, eines hat mehr Zähne und so weiter. Die Ersten sind manchmal langsamer, die Nächsten wollen dann schon allen anderen hinterher und lernen viel von den Größeren. Selbst beim Bilden der Laute und Bäuerchen machen sind sie unterschiedlich und genau das kann ich bei meinen Kindern durch meine Notizen immer nachlesen. Die Kleinste rülpst wie ein erwachsener Mann. Es ist unglaublich!

Und Sie werden so schnell groß, die Zeit vergeht extrem rasant und schon ist der Älteste zwölf Jahre alt … verrückt!

Das Entwöhnen vom Nuckel oder von der Flasche ist gar nicht so schlimm. Klar, zwei bis drei Tage lang gibt es Gemecker, aber durchhalten ist die Devise und dann ist es gut. Ich habe jetzt innert zwei Tagen beiden Mädels den Nuggi weggenommen. Bei Paula war es schon längst überfällig. Sie hat nur zwei Tage danach gefragt. Die Kleine ist schon von Geburt an überhaupt nicht so ein Nuckelkind, sie braucht ihn nicht und vermisst ihn nicht. Emilie meckert zum Beispiel nur, wenn sie hungrig oder müde ist. Eben, es ist gar nicht so schlimm, man selbst als Elternteil muss sich das vornehmen und dann zwei Tage lang durchhalten und fertig. Es gibt Schlimmeres, zum Beispiel Magen-Darm-Grippe mit vier Kindern …

Mit ca. einem Jahr kommt die Phase, in der sie plötzlich zu beißen versuchen. Das muss man ihnen schnellstmöglich abgewöhnen! Deutlich „Aua" und „Nein" sagen und wegsetzen! Ca. eine Minute ignorieren. Ich musste das drei- bis viermal machen und es war ihnen klar, dass sie das nicht dürfen. Mit eineinhalb Jahren kommt dann vielleicht das Hauen … Dann kann man genau gleich verfahren … Diese Phasen können sich auch immer wiederholen. Auf jeden Fall nicht lachen oder es durchgehen lassen. Auch beim Kratzen, Schubsen, Treten oder Kneifen … Der Sohn einer Kollegin hat unschöne Kratznarben am Arm! Die Kinder müssen verstehen, dass das gar nicht tolerierbar ist, sonst machen sie es bei allen Kids, auch bei fremden.

Jedes Lebensalter hat seine Vor- und Nachteile. Im ersten halben Jahr sind sie so hilfsbedürftig, so klein und zerbrechlich, so abhängig von den Eltern. Aber auch so herzig und es passiert so viel. Sie lernen täglich mehr, machen so viele Fortschritte und bringen den Eltern meist Freude. Im zweiten Halbjahr geht es dann schon mit der Fortbewegung los. Die Zwerge möchten gern, können aber nicht so, wie sie wollen, und sie sind dadurch auch oft unzufrieden. Dafür fangen sie schon an mit „aufräumen" und ausräumen. Aber die Kleinen reagieren bereits auf Blödsinn der Eltern und die Geschwister, was dann natürlich viel Spaß macht, da sie auch schon herzhaft lachen und kichern. Dafür kommt das Trötzeln/Bocken dazu. Sie können sich schon auf den Boden werfen und schreien, wenn ihnen was nicht passt, aber es sieht so süß aus! Im zweiten Lebensjahr können sie schon laufen und somit auch davonlaufen, das ist eine schwere Zeit. Die Kinder können auch schon überall hochklettern und herunterfallen, können Schränke und Schubladen öffnen und alles ausräumen und runterwerfen. Aber sie verstehen es auch noch nicht wirklich, warum sie manches nicht dürfen, und man kann alles immer wieder erklären. Dafür kommen sie auf einen zugelaufen und zeigen einem, dass sie kuscheln wollen, und sind so herzig, wenn man Blödsinn mit ihnen macht und natürlich auch sehr neugierig! Die Kleinen beginnen mit dem Reden und machen viel nach. Sie können sich wehren und zeigen genau, wenn ihnen etwas nicht passt.

Mit drei Jahren ist ihr Lieblingssatz „Allein machen!" und das Lieblingswort ist „Nein". Aus Prinzip einfach erst mal „Nein" und „Ich will nicht" oder „Ich will das allein machen, ich kann das schon". Dann lernen sie Danke und Bitte, alle Regeln kennen und helfen gern noch überall mit. Die Kinder sind für vieles gut und schnell zu begeistern und versuchen alles Neue.

Im vierten Lebensjahr kommt die Feinmotorik dazu, sie wollen spielen, malen und basteln. Die Zwerge reden den ganzen Tag und sind fast nicht ruhig zu bekommen und freuen sich jetzt schon, mit anderen Kindern zu spielen. Die Kleinen helfen auch noch gern mit und lieben es zu kochen und zu backen. Aber die Grenzen werden schon ausgetestet. Sie wissen bereits ganz genau, was sie sich bei wem erlauben und wem sie auf der Nase herumtanzen können.

Mit fünf Jahren wollen sie schreiben und fangen an, Buchstaben und Zahlen interessant zu finden. Schon jetzt ist es wichtig, ihnen Bücher schmackhaft zu machen, damit sie dann später viel lesen und Spaß daran haben, aber das klappt auch nicht bei jedem Kind. Die Grossen gehen in den Kindergarten und bringen die ersten Schimpfwörter und speziellen Wörter mit nach Hause. Man schlackert oft mit den Ohren und fragt sie, was die Wörter bedeuten, die sie da gebrauchen, aber sie haben natürlich keine Ahnung. Sie lernen Blödsinn und halten sich für die Größten. Der Höhepunkt ist meiner Meinung nach in der ersten Klasse, da halten sie sich für die Allergrößten und bringen die meisten Wörter und den meisten Blödsinn mit nach Hause, alles, was sie in der Schule von den grösseren Schülern hören und sehen. Dann beruhigt es sich wieder und sie überlegen oft, bevor sie Sachen ausplappern.

Mit sieben bis zehn Jahren spielen sie auch gern noch Lernspiele und lassen sich für die Natur und Sport begeistern. Dafür sind sie schon recht selbstständig, können ihr Sportzeug selbst parat machen und selbst baden oder duschen, können schon mit an Sachen und Abläufe denken und auch ein Babysitter wird immer weniger gebraucht, da sie die Uhr lesen und das Telefon bedienen können. Die Geburtstage sind noch sehr kindlich, was die Spiele betrifft, und alle sind zu begeistern.

Ab elf Jahren ist es schon schwieriger, da muss man sich recht Mühe geben, damit alle Spaß haben und eine Feier cool finden. Sie sind noch selbstständiger und können auch mal auf die Jüngeren schauen. Aber sie haben bereits eigene Vorstellungen und einen eigenen Kopf, wie was laufen soll und was sie so alles brauchen. Der liebste Satz ist: „Aber die Anderen aus meiner Klasse haben das auch oder dürfen das auch." Vor allem, wenn es um Handys und Games oder ums Aufbleiben geht. Na ja, ich bin da altmodisch. Ich erkläre ihnen immer wieder, was alles so kostet und dass das Geld nicht von allein nach Hause kommt oder auf dem Baum wächst. Ich habe mein erstes Handy von meinem eigenen Geld in der Lehre gekauft und auch dann erst einen eigenen Fernseher oder eine Play Station in meinem Zimmer gehabt. Aber selbst dann war es noch zu früh, da ich abends bis spät ferngeschaut habe und es oft am nächsten Tag bereute. Aber da ich es selbst gekauft hatte, achtete ich auch gut darauf und wusste es zu schätzen. Genau wie bei Töffs und meinen Autos, sie waren alt, aber abbezahlt und mein Eigentum. Eine Beule war ärgerlich, aber kein

Weltuntergang. Ich habe noch gelernt, erst das Geld zusammenzusparen, für das, was ich kaufen wollte, und dann erst zu kaufen. Ich hoffe, ich kann das meinen Kindern auch mitgeben, obwohl es heute so einfach ist, Schulden zu machen und alles auf Pump zu kaufen. Die Schulden mit dem Haus sind meiner Meinung nach schon enorm genug, obwohl man da einen Gegenwert hat und wir hier in der Schweiz ja sehr sichere Arbeitsplätze haben und man sich hier kaum Sorgen um einen pünktlichen Lohn machen muss.

Ich bin gespannt, was die nächsten Jahre bringen. Ich bin froh, wenn alle Kinder eine Lehrstelle finden, die ihnen Freude macht. Obwohl es ja heutzutage kein Problem mehr ist, eine zweite oder sogar dritte Lehre zu machen. Hauptsache, es macht ihnen auch Spaß, wenn man schon so viel Zeit damit verbringt, sollte zumindest Begeisterung oder Spaß dabei sein.

All diese Dinge, obwohl sie einem in diesem bestimmten Moment auffallen und man sie auch beim nächsten oder einem anderen Kind sieht, vergisst man leider so schnell wieder. Diese einmaligen Augenblicke, diese schönen und wunderbaren Momente … Deshalb schreibe ich sie auf, weil Emilie mein letztes Kind sein wird und ich jetzt gerade alles noch mal durchlebe und alle Erinnerungen von den drei Großen durch sie erneut. Ich merke, dass so vieles gleich abgelaufen ist und doch jeder anders war. Ich schreibe es auf, um das alles nicht zu vergessen. Und um euch allen bewusst zu machen, wie viel Schönes auf euch zukommt mit jedem Kind und um auch euch an solche Momente zu erinnern. So viele Kleinigkeiten und Begebenheiten, die mich stolz gemacht haben und zum Lachen brachten, einmalige Momente!

# Die speziellen Phasen der Plappermäuler

Schon sehr früh fangen die Zwerge an zu plappern, erst quieken sie nur, dann bilden sie Silben und ab ca. einem Jahr halten sie manchmal richtige Reden oder Vorträge, könnte man jedenfalls meinen, wenn man Tonfall und Gestik betrachtet. Nur leider versteht man sie nicht. Wenn man andere Kinder in dem Alter trifft, hat man das Gefühl, sie würden sich verstehen und sich austauschen, es hört sich auf jeden Fall herzig an. Sie verstehen schon früh sehr viel. Die Babysprache ist unnötig, wenn man normal mit ihnen redet, dann reden sie auch schneller richtig. Aber beim Rumalbern ihre Geräusche nachmachen und mitmachen finden sie genial. Auch die Mimik wird immer feiner, man sieht ihnen schon mit einem halben Jahr an, wie es ihnen geht, und sie lernen durch das Nachahmen und Sehen dazu.

Erst kommt mal das obligatorische „Nein". Schon mit ca. eineinhalb Jahren geht das los. Wenn sie was machen sollen oder es etwas gibt, dann sagen sie aus Prinzip erst mal nein! Wenn man es ihnen dann erklärt oder schmackhaft macht, wird es dann doch erledigt oder gegessen. Manchmal sagen sie auch nein, obwohl sie ja meinen, aber erst mal einfach nein! Das ist herzig! Und sie plappern schon und erzählen, aber die Erwachsenen verstehen das noch nicht. Aber die Zwerge verstehen uns ganz genau. Wenn ich nein sage, dann weiß Emilie schon, was ich meine – ob sie dann immer gleich hört, das ist ein anderes Thema. Das „Bestrafen" ist in dem Alter eher ein kurzes: „Das ist nicht für dich zum Spielen" und ein Wegsetzen oder Aus-dem-Raum-Nehmen. Sie wissen eigentlich schon, was sie dürfen und was nicht, aber man kann es ja mal wieder versuchen, vielleicht hat sich was geändert ... sich hinwerfen und bocken, wenn einem was nicht passt oder man was nicht bekommt, das geht natürlich auch schon. Aber in solchen Momenten kann man die Kleinen noch gut ablenken und dann ist es schon wieder vergessen. Dieses Alter ist schön, weil sie noch von allein und gern bitte und danke sagen, wenn sie es einmal gelernt haben. Später (ab drei Jahren) muss man sie schon wieder daran erinnern … Beim Erzählen ist es spannend, was man so alles hineininterpretieren kann. Manchmal hört es sich wie eine richtige Antwort an und würde sogar passen oder ist einfach nur zum Wegschmeißen komisch, sogar Standpauken könnte man heraushören. Das wirkt dann, wenn der Papa von der Eineinhalbjährigen eine vermeintliche Mahnung ausgesprochen bekommt. Und der erhobene Zeigefinger der Kleinen macht es nur noch lustiger! Oder wenn die Dreijährige kommt und erklärt, dass der Babi mal wieder fest „verrückt" auf sie ist… So herrlich!

Die „selber"- oder „alleine"-Phase geht mit zwei bis zweieinhalb los. Sie können Wörter reden und beginnen schon damit, Sachen selbstständig machen zu wollen, etwa sich anziehen, malen und vieles mehr. Dann kommen diese Worte zum Einsatz. Das sagen sie sehr gern, zeitweise bei allem. Und wenn es nicht geht, dann zicken oder bocken sie einfach. Bis sie verstanden haben, dass sie es selbst probieren können und, wenn es nicht geht, jederzeit um Hilfe fragen können. Das dauert aber meist bis zum Alter von ca. drei bis vier Jahren. Man muss einfach immer genug Zeit einplanen, zum Beispiel, um sie sich allein anziehen zu lassen, vor allem, wenn man einen Termin hat … Aber lasst sie ruhig üben, wenn es nicht geht, fragen sie schon. Es gibt da noch die Faulen, die aus Prinzip immer sagen: „Das kann ich nicht." Dann ist etwas Strenge gefragt, dann muss man auch mal hart bleiben und zum Beispiel sagen: „Dann kannst du eben nicht mit …" Und plötzlich geht es nämlich doch und sogar recht schnell.

Wenn sie merken, dass sie schon einiges selbstständig können, kommen die Aussagen „Ich bin schon groß" und „Das kann ich schon, ich bin ja kein Baby mehr" dazu. Das ist mit etwa dreieinhalb Jahren der Fall. Sie sind stolz, wenn sie immer selbstständiger werden. Die Zwerge wollen natürlich sehen, dass man ihre Fortschritte bemerkt und sie dafür lobt! Man sollte sich bei manchen wichtigen Dingen, die sie lernen, mindestens eine oder zwei Wochen Zeit nehmen, um zu üben, und dann nur das richtig bewusst mit ihnen lernen. Zum Beispiel ein Lied, oder eine Farbe, mit der sie Mühe haben, wie unsere Paula zum Beispiel. Eine Woche nur Grün, dann nur Blau, und die verschiedene Farbtöne geübt und plötzlich könnte sie alle unterscheiden … Oder wir haben das Hände waschen nach dem WC und vor dem Essen trainiert. Auch das richtiges Zähneputzen muss man üben… und, und, und …

Lernen braucht Zeit und ständige Wiederholung. Im Ultrakurzzeitgedächtnis bleibt alles Gehörte aber nur Sekunden, bei Wiederholungen bis zu fünf Mal kommt es ins Kurzzeitgedächtnis und alles, was über sieben bis zehn Tage wiederholt wird, kommt ins Langzeitgedächtnis, muss aber immer mal wieder trainiert und wiederholt werden. Lernstoff der dritten Klasse von Leon. Der Große hat jetzt in der fünften Klasse noch die Lerntypen durchgenommen. Was ich auch sehr eindrücklich finde und etwas beachten kann, wenn man merkt, was dem jeweiligen Kind leichter fällt. Es gibt die visuellen Lerner, welche durch das Sehen von Bildern, später Diagrammen oder häufiges Schreiben der Wörter sehen und lernen. Dann sind da noch die auditiven Lerntypen, die schon durch das Zuhören viel aufnehmen, verarbeiten und lernen. Ein sehr guter Lerntyp, da er vieles einfach hört und sich merken kann, aber er lässt sich durch das sensible Gehör auch gerne ablenken. Die Macher, Learning by Doing … Der handwerkliche Typ, der sich Sachen gut merkt, wenn er die Abläufe selbst gemacht hat oder auch beim Lernen im Zimmer auf- und abgeht, oder mithelfen kann, Neues zu entdecken oder darzustellen (zum Beispiel durch Plakate oder mittels Basteln, etwa, indem man Kreise oder Legosteine für die Bruchrechnung verwendet, um ein Drittel und andere Brüche zu zeigen und zu legen … Es ist wichtig dies zu wissen und richtig einzusetzen).

Dann die weniger schöne „Ich will aber!"- oder „Ich will aber nicht!"-Phase mit fast vier Jahren. Sie kennen danke und bitte sehr gut, aber sagen meist erstmals „Ich will". Sie wollen es dann am Liebsten auch jetzt und sofort, aber müssen noch lernen, dass sie in diesem Ton und mit diesen Worten nicht an das Ziel kommen. Man benötigt auch Geduld, um diese Phase durchzuhalten und sie immer wieder zu fragen: „Wie heißt das richtig?" Paula ist jetzt viereinhalb Jahre alt und hat ihre „aber"- Phase… „Aber Mama…", „Aber ich will.", „Aber ich kann", das höre ich ständig. Aber aber aber…

„Aber ich will.", dieser Satzanfang nervt mich am meisten, wenn es wenigstens ein „Aber ich möchte wäre…", naja Wunschdenken von Eltern. Bei allem was man ihr sagt und ihr nicht passt bekommt man ein : „Aber ich …", als Antwort und das meist in mehrfacher Ausführungen und ohne Einsicht oder ohne ein Nachgeben…

Die lustigste Phase ist die Warum-Phase: Irgendwann ab einem Alter von dreieinhalb Jahren fängt das von einem Tag auf den anderen an. Paula startete jetzt gerade vor drei Tagen damit. Erst dachte ich nicht daran und wunderte mich, wieso das Wörtchen „warum?" an jedem zweiten Satz hängt. Ich hatte es schon fast vergessen, dass diese Zeit ja auch dazugehört. Aber schon nach einem Tag war es mir wieder klar. Ja, das ist der Beginn des Wissensdurstes und der Neugier auf Zusammenhänge … perfektes Kindergartenalter. Und so schön, aber manchmal auch nervig. Wenn es so weit ist, kostet es richtig aus, fordert euch selbst heraus und schaut und testet, wie schlau ihr seid und was ihr noch alles wisst. Diese Frage oder eher dieses Wort wird oftmals an die einfachsten Sätze angehängt und kann einen als Elternteil trotzdem zum Stocken oder in einen Erklärungsnotstand bringen oder natürlich zum Lachen. Es ist ein spannendes Alter. Und was sie alles sehen und entdecken und wissen wollen. Aber wenn sie mit ihrem „warum?" kommen und man mal müde ist oder einfach nicht erklären mag, muss man es ihnen sagen und natürlich erklären. Es ist wirklich ein herrliches Alter mit vielen Überraschungen. Der Große war nie so der Gesprächige, aber die „warum?"-Fragen waren auch überschwänglich vorhanden. Es ist eine Herausforderung, bei diesen kleinen Warumanhängern und Hinterfragern nicht irgendwann einfach zu sagen: „Weil es halt so ist!"

Es fallen Euch sicher noch einige Phasen mehr auf, wenn ihr genau darauf achtet, was bei eurem Kind gerade so geredet oder gemotzt wird. Es ist auf jeden Fall sehr spannend und macht viel Spaß, dies zu beobachten und zu notieren. Aber sicher ist, dass diese Phasen bei allen Kinder vorkommen, mal früher oder später, mal mehr oder weniger ausgeprägt, je nach Temperament und Charakter.

## Blödsinn meiner Kinder und Kindermund

Blödsinn können die Kinder immer machen. Kennt ihr den Satz: „Wenn es ruhig ist, muss man schauen gehen"? Dieser stimmt immer. Egal, ob ein Kind allein spielt oder mit den Geschwistern oder mit Freunden. Wenn man sie spielen, reden oder sogar streiten hört ist alles gut, aber wenn es plötzlich ruhig ist, dann muss man losflitzen und schauen gehen … Dann machen sie garantiert Blödsinn! Entweder mit Wasser im Zimmer spielen, was sie nicht dürfen, oder Wände anmalen oder Creme verteilen und/oder vieles mehr! Sie haben so viele Ideen, da kommt manchmal keiner drauf.

Hier eine kleine Zusammenstellung von meinen Kids.
- zinkhaltige Wundcreme auf dem Teppich verteilen, diese dicke, schlecht zu entfernende Creme verteilen sie alle gern
- Erde in den Motorrad-Auspuff stecken, bis nichts mehr geht
- in den Aufzug pieseln.
- ins Katzenklo pieseln, weil das so schöne Klumpen gibt
- Hunde- und Katzenfutter essen
- aus dem Trinknapf der Tiere wie ein Hund trinken
- auf das Notfalltuch vom Hund pieseln
- Hundeknochen knabbern
- Haare im WC waschen mit drei Jahren
- WC-Papier abrollen und WC verstopfen mit vier Jahren
- die kleine Schwester mit wasserfestem Stift anmalen
- den Pony selbst abschneiden bis zum Ansatz
- im Katzenklo spielen
- im WC planschen
- plötzlich nackig herrumlaufen wenn Besuch da ist
- in den Hasenstall kriechen

- Mama aussperren (seitdem habe ich immer einen Ersatzschlüssel im Versteck)
- Sand essen und ihn scheinbar lecker finden (zwei von vier Kindern, das gab richtige Kackisandwürste)
- Mundwasser als Parfüm auf dem Bauch verteilen (mit zwei Jahren) – der Bauch wird rot und brennt
- eincremen von oben bis unten mit Wundcreme, auch die Haare (Wundcreme finden irgendwie alle Kinder cool)
- der Dreijährige hat das ein einhalbjährige Baby an einem Fuß durch die ganze Wohnung gezogen, wir hatten keine Schwellen oder Treppen … Glück gehabt!

- der Große und die Dritte haben sich rasiert und dabei natürlich geschnitten, sie waren dabei beide ca. dreieinhalb Jahre alt
- die Dreijährige hat die Fische im Aquarium mit den Worten „Sie waren sehr hungrig!" gefüttert – sie hat eine 500-Gramm-Büchse reingeschüttet, ich musste das ganze Wasser auswechseln

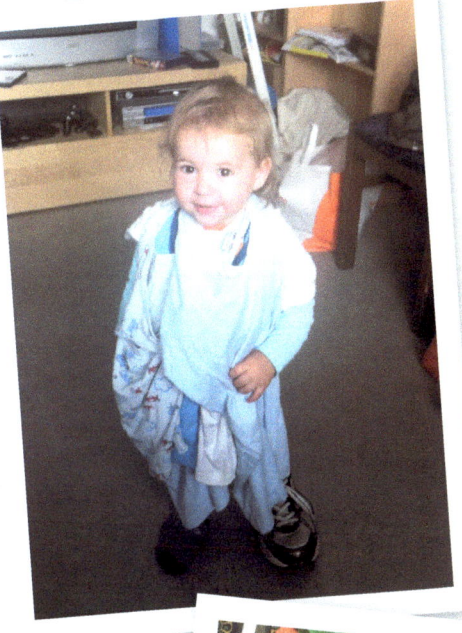

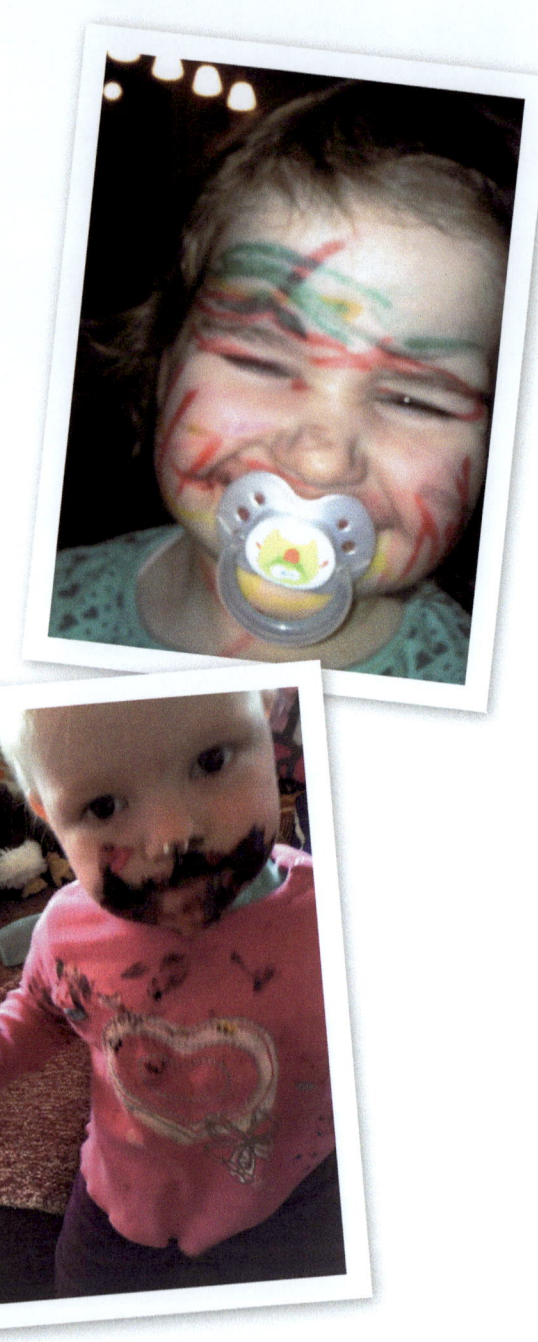

- die Dreijährige malte „schöne" Bilder mit wasserfestem Stift an die Hauswand
- die Vierjährige nimmt Kreide mit ins Auto und malt Sitze und Tür während der Fahrt an
- Paula hat im Garten ein Häufchen gesetzt und es auf den Hund geschoben

Mein Bruder macht gern Blödsinn mit den Kindern. Beim Großen gab es so ein Wurmmobile und er hat es lange über ihm gedreht, bis der damals Halbjährige plötzlich erbrochen hat. Er hat ihnen im Schlaf auch oft aus den Haaren Teufelshörnchen gedreht und Punks aus ihnen gemacht und vieles mehr. Er wird wohl auch nie wirklich erwachsen, aber das ist schön so.

Kindermund:
Was soll ich mit Jesus, der ist doch sowieso tot (fünf Jahre).
Ich glaube, ich sollte mir auch eine Freundin suchen (acht Jahre).
Guck mal, die hat zwei große Muschis! – Du meinst Möpse (sechs und acht Jahre).
Ich habe einen Zuckerfrosch (er meinte Zuckerschock, sieben Jahre).
Eih gemacht und gestreichelt, sie sagt: „Ich bin nicht Morle!" (also nicht die Katze, drei Jahre).
Ich kann die Witze nicht auf Deutsch, nur normal (er meint nicht auf Hochdeutsch, sondern nur auf Schweizerdeutsch, acht Jahre).
Ich mag Bienenconfi (drei Jahre), sie meint Honig.
Ich mag die Eiersonne nicht (drei Jahre), sie meint das Eigelb.
Wir hatten Besuch von einem tamilischen Kollegen, welcher auf dem Sofa schlief. Am Morgen kam unsere zweijährige Tochter, erschrak, zeigte auf ihn und rief: Oh, Kaki ... Er hat es mit Humor genommen.
Ich mag keine Brotschale, sie meint Brotrinde.
Patrik: Hektischer Anfall (statt epileptischer Anfall).
Paula: „Kannst du mir das holen?" Mama: „Wie heißt das?" Paula: „Geht doch!"
Paula mit 4 Jahren: „Babi, du bist doch nur ein Mann ..."

# Alleinerziehend

Es war nie so geplant, aber das Leben verläuft manchmal anders als gedacht. Alleinerziehend zu sein ist zu Beginn anstrengend. Bis mal alles läuft und der Alltag alles beruhigt. Also es beruhigt sich eigentlich nur im neuen Zuhause. Wenn man sich getrennt hat, gibt es immer einen, der sich schlechter fühlt, der das Gefühl hat, der andere ist allein an allem Schuld und es gibt leider immer wieder Zoff. Es dauert lange Zeit, bis sich das endlich beruhigt, Jahre. Das belastet am meisten und nagt an einem.

Wenn man alleinerziehend ist, muss man sich nie darüber ärgern, dass man zwar zu zweit wäre, aber doch alles an einem allein hängen bleibt. Dann ist es halt so. Es geht schon, aber warum sollte man in einer Partnerschaft alles allein machen? Beide haben Kinder gewollt und ein Haus und einen Garten, also warum muss dann einer allein alles machen? Es sollten sich doch trotz Job und allem auch beide kümmern. Oder, wenn der Mann auf steinzeitliche Rollenteilung steht, wenigstens auch den Männerpart oder die Männerarbeiten übernehmen. Wenn man allein ist, macht man halt alles selbst, aber teilt es sich anders ein. Und es ist dann auch keiner am Motzen, wie oder wann man etwas macht oder machen sollte.

Kindererziehung ist der schönste, aber eigentlich auch der undankbarste Job auf der Welt … Also nicht aus der Sicht der Kinder oder durch die Kinder. Nein, sie belohnen einen mit einem Lächeln oder mit dem Satz „Du bist die beste Mama der Welt!" Man versucht 12 bis 18 Stunden am Tag sein Bestes mit den Kindern und dem Haushalt und allem, aber bekommt dafür keinen Rappen, keinen auch noch so kleinen Cent aufs Konto! Klar ist der andere Elternteil völlig im Vorteil, 100 % schaffen und den richtigen Lohn dafür auf dem Konto. Das ist bei uns Müttern nicht so, und wenn man dann mal was Schönes mit den Kindern machen möchte, kostet das auch noch ... Das ist dann halt eher ein Minus-Job ... Jedenfalls auf dem Konto ... Ja, so ist der Job der Mutter, man kann froh sein, wenn man ein gemeinsames Konto hat und der Partner sieht, was der Job der Mutter wert ist. Auf die Rente bekommt jeder die Hälfte angerechnet wegen dem gemeinsamen Sorgerecht. Gut, wenn der andere dann auch die Hälfte schauen und sich kümmern würde. Blöd, wenn es nicht so ist, dann haben die Mütter wieder die A-Karte. Außer man macht einen Vertrag, aber wer würde dem schon zustimmen? Und die Anrechnung der Hälfte ist schon kompliziert, da muss man sich unbedingt schlaumachen und beraten lassen! Wenigstens die Hälfte auf die Rente wäre ja schon etwas! Schließlich kümmert man sich als Mutter ja um die zukünftigen Rentenverdiener ...

Wenn man eine starke Frau ist, die alles alleine macht und schafft, wenn man Handwerker und alles in einem ist, egal, wie man aussieht, und normale Ansichten hat ist das für Männer zu Beginn immer genial und cool, aber mit der Zeit wird es erst normal und dann auch selbstverständlich. Man macht und tut und übernimmt immer mehr Aufgaben, erst als Hilfe oder ab und zu zur Unterstützung und plötzlich wird es erwartet. Dann ist es auch noch zu deinen Aufgaben übergegangen, dann ist es unerhört, dass man den anderen darauf hinweist, dass es seine Sache wäre.

Das Geld ist zwar zu Beginn als Alleinerziehende sehr knapp, bis man sich erst mal wieder etwas erholt hat und Reserven zusammengespart hat, aber mit etwas Disziplin und genauem Einhalten der maximalen Wochenausgaben geht das schnell wieder. Und es muss ja auch nicht immer Fleisch sein. Wir waren nach vier Monaten schon wieder im Plus. Die Möbel, die noch gefehlt haben, sind so nach und nach dazugekommen, Hauptsache die Jungs hatten ihre Sachen und ihr Zimmer. Sie fühlten sich wohl.

Es geht eben nicht, dass der eine Partner immer mehr von seinen Aufgaben abgibt und das als selbstverständlich ansieht, weil er ja arbeiten geht. Auch die Mütter arbeiten den ganzen Tag im Haushalt, im Garten und mit den Kindern. Genau das ist Arbeit und anstrengend! Jeden Tag 12-18 Stunden diskutieren, aufpassen, hinterherräumen und, und, und, aber trotzdem alles rundherum noch machen und im Auge behalten. Das ist auf Dauer anstrengend und ja, man braucht Unterstützung und etwas Hilfe! Sonst ist irgendwann der eine ausgepowert und nur noch gestresst und gibt auf. Wieso sollte man an etwas hängen, was einem nicht gut tut und einen nur noch mehr auslaugt? Und erst, wenn man den Schritt gewagt hat, merkt man, wie viel besser es einem jetzt geht und dass es entspannter ist und ruhiger. Aber es ist nicht leicht, man hat doch immer Angst, einen Fehler zu machen und ist sich nie ganz sicher, ob es der richtige Schritt war. Man kann die Zukunft eben nicht voraussehen. Aber wenn man einmal allein war, weiß man, wie stark man ist und dass man alles schaffen kann und trotz allem allein zurechtkommen kann, jederzeit! Es ist viel Organisation nötig, aber es geht!

Für mich war das Alleinsein in dem Sinne nur schlimm, weil ich keinen hatte, mit dem ich schöne Erlebnisse und Momente teilen konnte und der mich liebte. Sonst hatten wir es gut. Wir haben viel unternommen und fühlten uns wohl. Die Kinder gingen, wenn ich arbeitete, in die Kinderkrippe und es lief rund. An den Wochenenden, wenn die Jungs nicht da waren, hatte ich neben der Arbeit Zeit für mich und konnte Kraft tanken und mit Freunden etwas unternehmen. Das ist das Wichtigste, wenn man alleinerziehend ist und nicht mal Großeltern in der Nähe hat, dann muss man an den „freien" Wochenenden einfach etwas nur für sich machen! Damit man wieder fit ist und Energie hat, um alles zu organisieren und zu managen, damit es läuft. Es ist nicht einfach ganz allein, aber ich denke, man kann alles schaffen. Man muss sich dazu entscheiden, dann geht es. Nicht jeder Tag ist gleich gut, aber man lernt dazu und mit der Zeit läuft es.

Klar, die Kinder müssen schneller selbstständiger werden, aber es schadet ganz sicher nicht. Leider gibt es viele Vorurteile gegen alleinerziehende und arbeitende Mamis und die daraus resultierenden Schlüsselkinder. Und man bekommt es leider immer wieder zu hören oder zu spüren. Aber ich kenne einige Mütter, die machen es alle auf ihre Weise sehr gut! So wie jeder seine eigenen Erfahrungen und Vorstellungen mit einbringt, macht es nun mal jeder anders. Ich habe sie auch oft genug gespürt, diese Vorurteile. Oh, die armen Kinder, schon wieder umgezogen, vom Vater getrennt und die Mutter geht auch noch arbeiten und ist oft nicht da, das kann ja nicht gut gehen, da fehlt doch etwas. Da muss man schauen … Ich kenne mittlerweile jegliche Abklärungen: Logopädie, Psychomotorik, psychologische Abklärungen und sonst noch alles Mögliche. Ich habe alles mitgemacht, aber auch ab und zu nein gesagt, wenn ich es für unsinnig hielt. Es gibt einem schon zu denken. Ich habe auch Kolleginnen, die dieses Thema gut kennen und deren Kinder auch abgeklärt wurden, oft auch mit ähnlichem familiärem Hintergrund. Ich bin immer der Meinung, dass einfach jedes Kind unterschiedlich ist, dass es nicht daran liegt, dass vielleicht zu Hause etwas anders läuft als normal. Die Kinder kennen es nicht anders, und solange sie sich wohlfühlen und nichts vermissen, ist es gut so.

Das Schaffen kenne ich auch so von zu Hause aus meiner Kindheit und für mich war es immer klar, dass ich neben den Kindern noch arbeiten möchte. Als Ausgleich, mal nicht nur Mama sein, zum Dranbleiben, und die Anerkennung im Job ist auch anders. Ich mag meinen Beruf wirklich sehr. Ganz ohne Job würde mir etwas fehlen.

Nach einer Trennung ist er dann plötzlich, wie ich es nenne, Wochenend- und Urlaubs-Vater. Die Kinder bekommen alles und dürfen alles. Bei der Mum ist dann der Alltag und dort gibt es Regeln und Grenzen und nicht alles, was man will. Das ist ebenso. Es ist nicht leicht, aber mit der Zeit kennen die Kinder den Unterschied und es kommt weniger zu Reibereien. Klar merkt man vielleicht nach ein bis zwei Wochen Ferien beim Vater, dass die Grenzen und Regeln etwas gedehnt waren, das braucht dann erst mal wieder zwei Tage, damit sie wissen das es wieder feste Regeln gibt. Sie versuchen auch ab und zu, die Parteien gegeneinander auszuspielen, wenn man sich treu bleibt, funktioniert das nicht. Die Kinder merken ganz genau, wo Schlupflöcher sind, die Möglichkeiten, die Schwächen und mit wem sie was machen können. Das braucht Durchhaltevermögen und manchmal auch starke Nerven. Sie sollten gern zu ihrem Vater gehen und es dort guthaben, das ist wichtig! Er sollte sich auf jeden Fall Zeit für die Kinder nehmen. Wenn man allein ist muss man auch immer wieder aufstehen und den Kopf hochheben und weitergehen. Das ist wie bei allen Eltern. Nach einem anstrengenden Tag kommt ein Neuer, ein anderer Tag, an dem man wieder von vorn beginnt. Mich hat der Rückhalt von meiner Familie unterstützt, obwohl sie so weit weg war.

Ich könnte mich immer wieder aufregen über die versteckten Vorurteile und Kritiken wegen der Trennung oder den vielen Kindern. Klar ist es heutzutage nicht an der Tagesordnung, dass eine Familie vier Kinder hat. Und was ist denn nur so falsch daran, wenn man schon immer mehr als zwei Kinder wollte? Das muss doch jeder selbst entscheiden! Außerdem sollte es doch einigen schon zu Ohren gekommen sein, dass auch Patchwork-Familien nicht schlechter sind als normale Familien. Wieso sollen die Kinder weniger Aufmerksamkeit bekommen oder die Kinder mehr gefördert und unterstützt werden müssen durch alle möglichen Zusatzdienste? Seht es doch mal so, sie haben sogar noch einen Erwachsenen mehr um sich! Wieso sollten die Kinder, weil sie drei Geschwister haben, schlechtere Chancen haben? Oder weil die Mutter arbeiten geht irgendwie gestört sein??? Auch die meisten Lehrerinnen gehen weiter arbeiten mit ein bis zwei oder sogar vier Kindern, wo ist da der Unterschied? Oder die Aufmerksamkeit, klar ist sie davon abhängig, ob man ein, zwei oder vier Kinder hat, aber auch jedes Kind ist anders und braucht nicht genau zur gleichen Zeit die gleiche Aufmerksamkeit oder Hilfe … Ich denke nicht, dass jeden Tag alle gleich viel Zeit bekommen, aber aufs Jahr verteilt gleicht sich das auch wieder aus. Ja, bei uns sind die Familienverhältnisse anders, es läuft nun mal nicht immer so wie im Märchen, dass der eine Richtige kommt und alles für immer super ist! Es ist nun mal das Leben und kein Märchen! Aber all das sind doch keine Gründe, dass es den Kindern schlechter geht oder dass sie Mühe in der Schule haben.

Jedes Kind ist anders und hat Stärken und Schwächen, nur, dass es in der Schule weniger auffällt, wenn sie ihre Schwäche im handwerklichen Bereich haben! Ich könnte mich an manchen Tagen extrem aufregen …

Patchwork-Familie, das ist nicht immer leicht. Ich habe alle vier Kinder gewollt und in meinem Bauch wachsen gespürt und auf die Welt gebracht. Ich fühle für alle gleich. Auch, wenn sie völlig unterschiedlich sind, kann ich jedes gleich lieben. Ich kann sauer auf sie sein, wenn sie nicht hören oder Blödsinn machen und fünf Minuten später kann ich sie wieder in den Arm nehmen und trösten oder ihnen Halt geben. Ich liebe es bei allen gleichermaßen, mit ihnen zu kuscheln und Zeit mit ihnen zu verbringen. Das ist für den anderen Partner schon schwieriger, da die Kinder zwar von Anfang an da waren und auch dazugehörten, aber doch nicht die gleiche Bindung oder dieselben Gefühle wie bei den eigenen Kindern vorhanden sind. Damit muss man zurechtkommen. Es gibt immer mal wieder Auseinandersetzungen deswegen. Manchmal sitzt man zwischen zwei Stühlen und weiß nicht, auf welche Seite man sich nun stellen soll, da keine Seite die falsche ist. Die Beziehung ist einem wichtig und den Kindern möchte man auch gerecht werden und beistehen. Die Kinder sind für mich alle gleich, alles meine. Ich habe alle gleich lieb und alle sind mir gleich wichtig! Ich werde für alle immer da sein, wenn sie mich brauchen! Ich werde sie immer unterstützen und ihnen helfen, wenn es nötig ist. Ich denke, das wissen sie und ich sage es ihnen immer wieder.

# Geschwisterliebe

Geschwister sind nicht einfach, auf der einen Seite ist man froh, jemanden zu haben, aber nervig sind sie trotzdem. Wenn sie kleiner sind, kann man ihnen zwar was beibringen und der oder die Große sein, aber sie wollen auch immer dabei sein und mitmachen. Wenn sie größer sind, dann möchte man so sein wie sie und alles können, was sie können, aber die Großen wollen einen nicht wirklich dabeihaben.

Man kann mit ihnen spielen, aber auch streiten und sich gegenseitig nerven. Wenn sie zusammenspielen, geht es meist nur eine gewisse Zeit gut, dann wird plötzlich einer geärgert. Und obwohl man oft sagt „Übertreibt nicht" oder „Es ist gut jetzt, sonst gibt es noch Tränen", wird garantiert weitergemacht und wenn man als Elternteil den Moment verpasst und sie nicht trennt, dann gibt es Beulen oder sogar Nasenbluten bei Jungs. Natürlich weint einer und der andere dann auch, weil es ihm so Leid tut. Ich bestrafe sie dann nicht, sondern appelliere an ihr schlechtes Gewissen in diesem Moment, beim nächsten Mal doch zuzuhören und vorher aufzupassen.

Klar gibt es jetzt auch Momente, in denen die Kinder sagen, ich hätte lieber keine Geschwister, aber in der Zukunft werden sie froh sein, dass sie welche haben.

Die Eifersucht auf das neue Familienmitglied gibt es zu Beginn noch häufig. Der Größere wird vom Thron der Aufmerksamkeit gestoßen und steht plötzlich nicht mehr an erster Stelle. Er hört Sätze wie: „Warte mal. Gleich. Einen Moment. Jetzt kann ich nicht." Das ist nicht leicht. Bei uns hat es immer am besten funktioniert, wenn wir die Größeren miteinbezogen haben. Beim Stillen haben wir Bücher angeschaut oder Geschichten gelesen. Beim Wickeln durften sie helfen und das Baby mal halten und ihm als große Geschwister natürlich Sachen beibringen. Wenn man den Großen dann noch zeigt, wie man die Zwerge zum Lachen bringt, dann finden sie es schön und es macht ihnen Spaß.

Nicht immer, aber immer öfter!

Wenn man sich mit anderen unterhält, dann stellt sich heraus, dass es bei allen so war. Bis zum 16. oder 18. Lebensjahr war es eher Hassliebe, dann wurde es Freundschaft. Ich wusste auch erst, als mein Bruder in der Lehre war und ich in der zehnten Klasse, was es bedeutet, Geschwister zu haben. Man ist nicht allein. Die Überraschungen, die Geburtstage und vieles mehr kann man zusammen planen. Von da an hatten wir ein freundschaftliches Verhältnis, wir haben uns zwar geneckt, aber nur noch aus Spaß. Er war da, wenn ich Hilfe brauchte und ich wusste, dass er immer da sein würde, wie meine ganze Familie, sie steht immer hinter mir. Es wird die Zeit kommen, da werden sie froh sein.

Und ich freue mich jetzt schon auf Feiern mit meinen vier Kindern und deren Lebenspartnern und vielleicht ihren Kindern. Mein Zweiter hat mal gesagt, dass er maximal zwei Kinder möchte, das reicht! Ich habe ihm geantwortet, dass sich das zeigen wird und sie das dann selbst entscheiden können. Ich wollte schon immer eine gerade Zahl an Kindern, keine Ahnung, warum, vielleicht, damit es kein Sandwichkind gibt.

Bei Geschwisterstreit möchte kein Kind nachgeben, das kennt jeder. Wenn die Kinder sich streiten, zum Beispiel um ein Stück Kuchen, und keiner nachgeben will, dann löst man das Problem am besten durch Teilen. Der Eine darf das Stück halbieren und der Andere darf sich dann eins aussuchen. Das wird dadurch ganz sicher genau halbiert. Aber ich will hier keinen Erziehungsratgeber schreiben. Da gibt es schon genug.

Die Großen kommen auch mal mit dem Vorwurf: „Bei der Kleinen bist du nie so streng." Dann versuche ich ihnen zu erklären, dass es wohl nichts bringt, einer Einjährigen vorzuschreiben, dass sie aufräumen soll oder sie aufs Zimmer zu schicken, wenn sie gar nicht hört, oder ein Gameverbot zu verhängen oder dass sie nicht abmachen darf. Da ist sie dann doch noch zu klein, das versteht sie noch nicht. Bei der Kleinen hilft nur ja oder nein und ggf. mal, sie wegzunehmen und woanders hinzusetzen.

Aber die Regeln sind für alle gleich, die Dreijährige muss ja auch schon mehr Regeln befolgen. Dann denken die Großen nach und verstehen es.

# Wir Eltern sitzen alle im gleichen Boot

Und das ist meiner Meinung nach das Beruhigende. Wenn man Kollegen mit Kindern besucht, denkt man sich manchmal: „Oh Mann, so lieb und nett sind meine Kinder nicht zueinander." Und dann kommt man ein anderes Mal und es ist genau andersherum, dann streiten sich die anderen nur und man ist innerlich froh, dass es dort auch so ist. Zu Hause bei Freunden, die man schon viele Jahre kennt, tauscht man sich automatisch aus und spricht auch schwierige Phasen oder Probleme an. Das kann wirklich sehr gut sein, neue Seiten aufzeigen oder Ideen und Lösungsansätze bringen. Außerdem tut es sehr gut.

Kennt ihr das auch, die besten Ratgeber sind die Freunde oder Bekannten ohne Kinder, die wissen, wie es geht.

Manchmal ist es nicht leicht durchzuhalten, wenn die Kinder einen herausfordern, und man das Gefühl hat, alles lässt sie irgendwie kalt, kein Verbot interessiert sie und sie testen weiter. Dann zweifle ich, ob es der richtige Weg ist. Es ist nicht einfach, man liest überall Erziehungsratschläge und psychologische Fakten und muss dann erst mal schauen, ob das überhaupt zu den eigenen Vorstellungen passt. Dann probiert man es mal, aber deshalb muss es noch lange nicht funktionieren. Wie soll man es machen, die Kinder sind so unterschiedlich. Jedes Kind braucht etwas Anderes. Bei einem kommt auch die Vernunft früher dazu und macht es leichter, der andere ist so auf Zack, dass er einen fast durchschaut, bis man dann ganz hart durchgreifen und durchhalten muss. Man selbst aber hofft nur, dass es endlich funktionieren wird, damit es etwas geregelter und ruhiger wird. Schon noch verrückt!

Aber dazwischen sind sie so lieb und wissen genau, wie sie einen um den Finger wickeln können. Ich liebe meine Kinder.

Sie können mich wirklich um den Finger wickeln und ab und zu zum Einknicken bringen.

Diese bösen Blicke von allen anderen Leuten an der Kasse wegen der zickenden Kinder. Die Süßigkeiten rechts und links an der Kasse ... der Spießrutenlauf für Eltern. Meist geht es gut und ein Nein reicht und dann gibt es diese Tage, an denen die Kids sowieso schon müde oder nörgelig sind und es gibt eben lautes Gezicke. Alle rundherum verhalten sich so, als hätten sie das mit ihrem Kind, Neffen oder Enkel nie erlebt und als hätte man das einzige Kind, das so blöd tut und sowas von unerzogen ist. Ich ignoriere die Kinder dann und laufe einfach weiter. Und amüsiere mich über die Blicke und muss mir das Lachen verkneifen. Aber eben, ich habe die einzigen Kinder, die das machen, keine Erziehung ... Ich glaube, man vergisst so vieles so schnell wieder oder es stört einen selbst weniger, wenn es die eigenen Kinder waren oder die Enkelkinder sind. Mir geht es ja auch schon so, wenn ein Kind auf Besuch ist und so spezielle, ich will nicht sagen nervige, Angewohnheiten hat, zum Beispiel alles nachplappert oder alles besser weiß, oder alles doppelt und dreifach besser hat zu Hause ... Man regt sich über andere Kinder schneller auf oder stört sich an der Lautstärke, das sagen sogar meine Eltern und Großeltern schon immer, das ist halt nicht die Familie ... So ist das auch in den Geschäften oder sonst überall in der Öffentlichkeit, solange es nicht die eigenen sind, nervt es einfach. Ich muss immer schmunzeln, wenn ich mal allein unterwegs bin oder es nicht meine Kids sind, die diese bösen Blicke ernten, einfach zum Lachen ...

# Ich muss nicht immer lieb sein

Ich muss nicht immer lieb sein und es muss mich nicht jeder mögen. Das ist auch so ein Lernprozess. Ich dachte früher immer, dass ich es jedem recht machen muss und immer lieb sein sollte. Pustekuchen, da muss ich mich ja verbiegen. Nein, wenn ich jemanden zum Beispiel seit fünf Jahren kenne und nie mit demjenigen reden konnte, nie mit ihm auf einer Wellenlänge war, wieso sollte ich es dann jetzt plötzlich sein? Nur, weil wir jetzt Nachbarn sind? Oder wenn ich mich um jemanden als Freundin bemühe und sie mehrmals einlade, aber nach dreimal keine Reaktion kommt, dann halt nicht! Ich muss keinem hinterherlaufen, entweder es ergibt sich dann noch im Laufe der Zeit oder nicht.

Und auch sonst, wieso soll ich immer lieb sein? Wenn mir was nicht passt, dann kann ich das doch sagen. Ich bin kein Mitläufer oder Ja-Sager.

Ich muss zu den Kindern auch nicht immer lieb sein. Also das heißt, ich muss Regeln aufstellen und durchsetzen und eben auch Konsequenzen und Strafen verhängen, das macht mich an manchen Tagen gar nicht beliebt bei ihnen. Aber das gehört nun einmal dazu. Auch, wenn ich es nicht schön finde. Ich kann auch nicht lange böse sein, wenn sie etwas angestellt haben. Ich sage ihnen dann immer, dass ich sie trotzdem liebhabe, auch wenn ich mal sauer auf sie bin oder sie bestrafen muss.

Oh ja, die Kinder merken ganz genau, wenn man selbst genervt ist oder es eilig hat, klappt meist gar nichts. Wenn ich weiß, dass ich einen Termin habe, fange ich frühzeitig an, die Tasche zu packen und dann die Großen zum Anziehen zu schicken und an das WC zu erinnern. Einfach ganz in Ruhe. Dann ziehe ich die Kleine an und zum Schluss bin ich dran. Wie oft bin ich schon mit den Hausschuhen oder ohne Zähneputzen oder mit der falschen Jacke aus dem Haus. Meist merke ich es vor der Haustür, dann sind alle im Auto und ich kann es in Ruhe noch ändern oder eben nicht. Ich habe auch schon Termine vergessen oder zu spät geschaut. Wenn es nicht wichtig ist, dann kommen wir halt, wenn wir fertig sind.

Ich muss auch nicht jeden Tag die beste Laune haben, aber ich muss den Kindern erklären, warum das jetzt so ist. Zum Beispiel, wenn ich Rückenschmerzen habe oder selbst krank bin, dann bin ich auch schneller Mal genervt. Das verstehen sie dann natürlich auch.

Manche finden mich vielleicht komisch, weil ich jetzt seit zwei Jahren hier wohne und in noch keinem Verein oder nicht immer bei jeder Kinderveranstaltung bin. Ich habe so viel zu tun mit den Terminen der Kinder und meiner Arbeit und habe auch sonst noch Freundinnen, mit denen ich abmache. Auch der Haushalt und der Garten und der Hund brauchen Zeit. Irgendwann mag ich auch einfach mal nur zu Hause oder im Garten sein und genießen. Vor allem im ersten Jahr mit Umbau und Entrümpeln und Garten-Enturwalden. Jetzt mit 40 % Arbeit und da endlich alles fast so ist, wie ich es gern möchte, habe ich auch mal Zeit für neue Kontakte. Und einfach nur in einen Verein zu gehen, damit ich dabei bin, nein, das muss mir Spaß machen und ich muss auch Zeit dafür haben.

Ich habe auch nicht ständig Zeit, mit zu allen Turnieren und Fußball-Matches der Jungs zu gehen. Im Winter mit den Kleinen sowieso nicht und außerdem arbeite ich jedes zweites Wochenende. Im Sommer gehe ich da schon eher mal mit, aber nur bei Matches, die dauern nur 90 Minuten und nicht vier Stunden wie Turniere. Die Kleinen können im Sommer herumflitzen, da kann ich gut auch mal zuschauen. Es geht nun mal nicht alles! Klar gibt es Eltern, die überallhin und immer mitgehen, sehr gut, das können sie ja auch. Aber erwartet es doch nicht von jedem! Und die Jungs stört es auch nicht, dass sie auch mal allein sein dürfen.

## Spitalerfahrungen und das Vertrauen auf das eigene Gefühl

Ich habe gute und schlechte Spitalerfahrungen. Bei meinem Großen war alles sehr professionell und herzlich, als er mit drei Monaten wegen starkem Durchfall ins Spital musste. Auch, als er dann mit fünf Jahren plötzlich Schmerzen beim Atmen und eine Lungenentzündung hatte, obwohl er gar nicht wirklich Husten hatte. Da waren die Ärzte und Schwestern auch sehr fürsorglich und routiniert.

Der Zweite musste mit einem Jahr operiert werden. Wir hatten eine Spezialistin, die in der Schweiz umherreist und fast nur Penise „repariert". Es waren die längsten zwei Stunden in meinem Leben, als mein kleiner Zwerg in den OP geschoben wurde und ich im Elternwartezimmer saß. Ich ging ein wenig laufen und einen Tee trinken, das Handy immer in der Tasche, es ist ja nichts Schlimmes, aber trotzdem. Es ist alles gut gegangen und nach fünf Tagen waren wir dank einer super Betreuung wieder zu Hause.

Oder als ich mit der Kleinsten, als sie zwei Monate alt war, wegen einer Grippe ins Spital musste. Sie hatte Husten und Fieber und Halsweh und schon seit drei Tagen fast nichts getrunken und so mussten wir für eine Woche dortbleiben, sie bekam eine Magensonde und eine Infusion. Sie war eine arme Maus, hat es aber sehr gut gemacht. Und die Betreuung von Pflege- und Arztseite war sehr gut. Ich muss zugeben, ich habe einen fixen Text für alle Dankeskarten: Vielen Dank für die kompetente und liebevolle Betreuung unserer Tochter/unseres Sohns während des Spitalaufenthaltes hier bei Euch. Ich konnte leider nicht immer bei ihr/ihm sein, umso mehr schätzten wir Eure fürsorgliche Pflege. Wir haben uns immer sehr gut aufgehoben gefühlt! Vielen Dank und macht weiter so.

Bei unserem letzten Aufenthalt gab es jedoch keine Karte, da ich erfahren musste, dass man selbst als Pflegefachfrau belächelt werden kann, wenn man dem Arzt sagt, dass da etwas nicht stimmt und dass man so nicht nach Hause geht. Dann wird man als überforderte vierfache Mutter eingestuft ... Grrr, und ich hatte recht! Ich kenne doch meine Kids! Ich habe auf mein Gefühl und meine Erfahrungen gehört und habe die Pflege genervt, bis etwas gemacht wurde. Hätte auch nicht stimmen können, mir doch egal, Hauptsache, meinem Kind geht es besser!

Es war im Sommer, wir waren viel im Garten und meine Kleinste steckte zu dieser Zeit alles in den Mund, was sie finden konnte. Sie hatte dann schon seit zehn Tagen wässrigen Durchfall, zehn- bis zwölfmal am Tag, mit Fieber, der Hintern war trotz aller Salben wund und sie trank nur knapp vier Flaschen Elektrolytlösung am Tag. Sie hat zu Beginn ca. 8,3kg gewogen. Sie war zunehmend nicht mehr sie selbst, sie fühlte sich müde, matt und unwohl, war nicht mehr die strahlende, fröhliche, zufriedene Maus. Ich war zweimal beim Kinderarzt und dann zum zweiten Mal im Spital. Sie sagten, es sei eine Magen-Darm-Grippe und ich sagte: „Nein, wir sind sechs Leute und nur sie hat es seit acht Tagen." Sie hätten mich auch diesmal gern wieder heimgeschickt, aber ich ließ mich nicht abwimmeln. Es war Dienstag, wir blieben im Spital, das Gesäß wurde mit Salbeitee besser, aber der Durchfall blieb und sie wurde von Tag zu Tag weniger, also müder und schlaffer. Auch das Fieber ist geblieben, sie hat nur geschlafen und spielte nicht. Sie war vor dem Durchfall schon rückwärts und fast vorwärts gekrabbelt. Jetzt lag sie nur rum und schaute, war wehleidig und hat jeden Tag mehr abgenommen. Am Freitag wollten sie uns, obwohl eine Besserung ausblieb, nach Hause schicken. Meiner Meinung nach wurde es jeden Tag schlechter. Ich weinte, weil ich jeden Tag dasselbe sagte und als überforderte Vierfach-Mutter eingestuft und auch so angeschaut wurde! Sie sagten: „Okay, wenn sie es wünschen, bleiben sie noch bis morgen." Am nächsten Tag war es wieder schlechter. Sie war fast nur noch am Schlafen, sie konnte schon trinken, aber sie hatte immer weniger Kraft. Sie lag nur noch herum, hing schlapp auf meinem Arm und schaute nur noch uninteressiert. Sie lachte auch schon seit vier bis fünf Tagen nicht mehr, unser Smiley … Ich war fix und fertig und sie sagten, wir könnten schon noch über Nacht zur Beobachtung bleiben. Ich hatte schon mit einem anderen Spital telefoniert und war fest entschlossen, am nächsten Tag meine kranke Tochter zu nehmen und dorthin zu gehen. Am Samstagabend sagte ich wieder, dass sie immer weniger macht und nur noch schlaff herumliegt, dass etwas nicht in Ordnung ist. Die Schwester hat erneut den Arzt geholt. Sie hatte nur noch 6,4 kg! Sie haben endlich um 22 Uhr noch einmal Urin und Blut abgenommen und mit Antibiotika gestartet und sie auch endlich mit etwas Infusion aufgefüllt, ich hatte dies schon lange gewünscht. Nach 24 Stunden ging es ihr schon besser und sie lächelte endlich wieder und spielte etwas im Liegen. Ich war so froh. Endlich wieder ein bisschen von meiner strahlenden Maus. Aber sie hatte noch keinen Appetit auf Essen. Sie wollten uns schon wieder heimschicken und ich sagte: „Nein, erst wenn es wirklich besser ist!" Erst zwei Tage später, als sie wieder lachte und im Sitzen spielte, mobil war und auch etwas essen wollte, sind wir nach Hause gegangen. Sie haben vorsichtshalber noch einen Herzultraschall gemacht und einen Ultraschall vom Bauch. Sie hatte auch endlich kein Fieber mehr und nur noch fünfmal am Tag Stuhlgang, der breiig war. Die Ärzte konnten aber bis zum Schluss nicht sagen, was es war, und eine Stuhlprobe wollten sie ja nicht einschicken. Ich glaube, sie mochten mich starrköpfige Mutter nicht und waren froh, als wir endlich weg waren! Und ganz ehrlich, ich würde es immer wieder so machen oder sogar noch nerviger sein. Ich kann nun auch die Verwandten meiner Patienten noch besser verstehen. Diese Ohnmacht, dieses Ausgeliefertsein manchmal im Spital. Man kann nur warten und immer wieder alles sagen und fordern. Es war sehr hart und ich habe mich sehr geärgert, dass es ihr so schnell hätte besser gehen können. Aber sie haben nicht zugehört und nur abgewartet. Ich fragte mich wirklich schon, auf was sie noch warten. Darauf, dass sie gar nichts mehr trinkt und nur noch schläft? Es war so schlimm. Ich habe von Anfang an gesagt, dass es bestimmt keine Grippe ist. Ich habe ihnen vom Garten erzählt und dass sie jetzt alles in den Mund steckt und schon so lange starken Durchfall hatte und nur die Hälfte trinkt … Die sagten immer, solange sie keine Austrocknungszeichen hat, ist alles okay, und dass sie bei Kindern keine Stuhlprobe einschicken, weil das einfach raus muss. Wir nehmen bei den Erwachsenen schon nach drei Tagen Durchfall eine Probe und reagieren mit Infusionen und spezieller Ernährung, wenn sie zu viel abnehmen. Die Kleine hatte zwei Kilogramm abgenommen, von 8,3 auf 6,3 kg, und es ist ja nichts dran an den Kleinen! Es war zum Verrücktwerden. So machtlos zu sein, obwohl dieses Gefühl immer da war und ich es immer wieder gesagt habe. Wenn an diesem Abend nichts gemacht worden wäre, hätte ich sie genommen und wäre in ein anderes Spital gefahren! Es war sehr grenzwertig! Noch einmal werde ich nicht so lange warten, ich werde mich stärker ein- und durchsetzen und ggf. dem Chefarzt auf die Nerven gehen. Es geht um die Gesundheit meines Kindes, da darf ich ausflippen, da darf ich Angst haben und Forderungen stellen! Vertraut auf euer Gefühl und eure Erfahrung!

Jetzt ist es März 2016 und ich war noch kurz mit Emilie auf dem Notfall, sie ist mit der Nase und der Oberlippe direkt an die

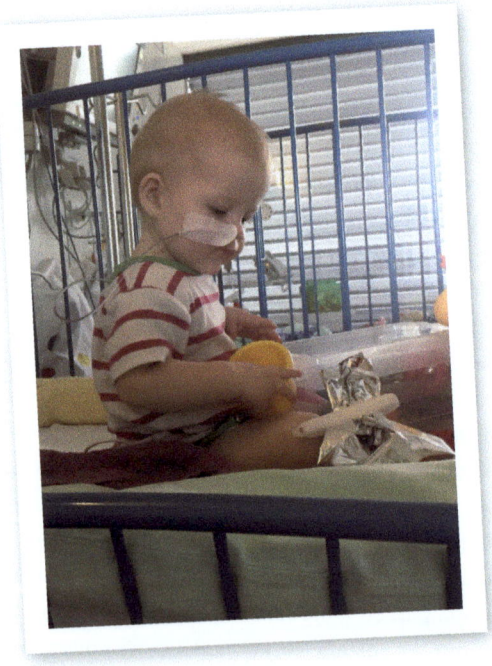

Bettkante gefallen. Das Lippenbändchen ist stark eingerissen und die Nase ist ganz blau … es hat geblutet wie verrückt. Ich muss es morgen der Krankenkasse melden und dann ggf. nächste Woche noch zum Zahnarzt, wenn die Krankenkasse das will … Der Arzt hat geschaut und war sehr freundlich, aber ihr geht's bis auf die dicke Lippe und der dicken Nase schon wieder gut … arme Maus. Aber so etwas passiert beim Rumflitzen. Sie ist einfach noch nicht so stand- und laufsicher unterwegs, vor allem am Abend nach dem Essen, wenn sie schon leicht müde ist, und rums …

Auch Paula hat schon einige Stürze hinter sich. Sie klettert oft auf Stühle und lehnt sich dann mal zu weit nach vorn oder nach hinten und rums, gibt es eine Riesenbeule am Kopf, oder sie fällt vom Trip Trap nach hinten, wenn sie rausklettert. Manchmal reicht eine unbeobachtete Minute und das war es … Aber solange alles gut geht, ist der Schreck meist das Schlimmste. Es wird nie langweilig mit vier Kids, es passiert immer mal was Neues.

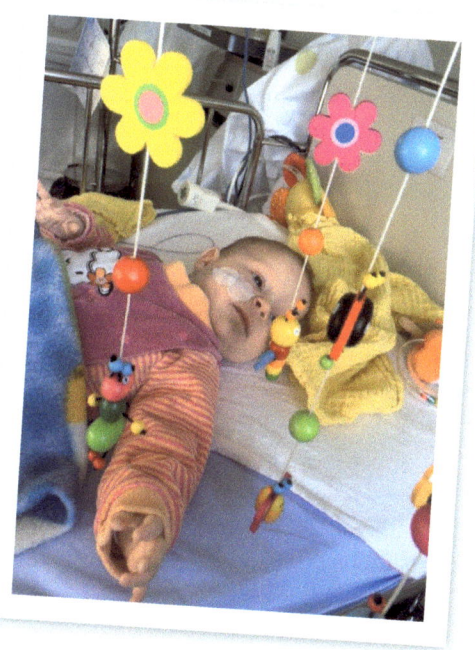

# Die Zeit vergeht wie im Fluge

Ich habe die Schwangerschaft immer genossen. Das ist die einzige Zeit, in der man die Kinder ganz für sich hat. Sobald sie geboren sind, fängt das Loslassen schon an. Dann muss man sie hergeben und teilen. Sie werden nach und nach immer selbstständiger und wollen mehr alleine machen und lösen sich Stück für Stück. Sobald sie dann noch in die Spielgruppe und den Kindergarten gehen, machen sie immer öfter mit Freunden ab. Sie haben Hobbys und Verpflichtungen und sind immer weniger zu Hause. Ab der fünften Klasse haben sie meist nur noch einen Nachmittag schulfrei und an diesem wollen sie selbstverständlich auch mal mit Freunden abmachen. Auch die Arzt-, Zahnarzt- und sonstigen Termine fallen dann meist auf diesen freien Nachmittag, da sind die Kids nicht immer begeistert.

Ich genieße es, ab und zu etwas mit ihnen zu unternehmen, und es stört mich auch nicht, wenn dann Kollegen mitkommen und noch zwei bis drei Kinder mehr herumspringen. Kommt auch nicht mehr darauf an. Meist nimmt jeder einen Freund mit und so sind alle zufrieden.

Gerade erst war ich mit meinem Großen schwanger und schon wird er zwölf Jahre alt! Wahnsinn, da merkt man, dass man älter wird. Oder die ganz Kleine, eben war ich noch mit ihr schwanger und sie war winzig klein, schon läuft sie einem entgegen und strahlt übers ganze Gesicht. Da muss man wirklich zwischendurch wieder mal innehalten, damit man sich dessen bewusst wird. Man kann auf jeden Fall stolz sein und sollte jeden Augenblick genießen.

Ich liebe es zu sehen, wie sie immer mehr können und sich immer wieder freuen, dass sie etwas Neues geschafft und gelernt haben. Manchmal muss man sich selbst wieder an der Nase nehmen und die Ziele und Wünsche weiterverfolgen, die man sich vorgenommen hat, zum Beispiel einmal in der Woche etwas mit den Kindern unternehmen, wie in das Schwimmbad gehen, ein Picknick machen oder Schlitten fahren. Eben nicht das Übliche, was zum Alltag gehört, wie spazieren gehen oder zum Spielplatz, den man schon kennt. Es reicht auch, mit anderen zusammen einen großen, neuen Spielplatz zu entdecken und das Zvieri dort zu essen, einfach die Zeit zu nutzen und zu genießen.

Das geht im Alltag wirklich manchmal durch die ganzen Termine und Verpflichtungen verloren und man muss es sich immer wieder vornehmen und es einplanen.

Es geht so schnell, dann wollen sie lieber mit Freunden abhängen. Auch die Ferien werden sie dann vielleicht nicht mehr mit den Eltern verbringen wollen.

Das Kuscheln und der Abschiedskuss von den Kindern, genieße es, solange sie es von sich aus noch machen. Sogar mein Großer kommt noch kuscheln und sagt es, auch wenn er es braucht. Das ist wichtig, dass sie dies können und einfordern, was sie brauchen, vor allem, wenn es mehr als zwei Kinder sind. Meine Kinder können das sehr gut, sie kommen dann zu mir und fragen, ob ich mit auf die Ofenbank oder mit aufs Sofa zum Kuscheln komme. Der Abschiedskuss am Morgen oder nach der Mittagspause (in der Schweiz kommen alle Kinder zum Mittagtagessen nach Hause oder man muss extra zahlen für den Mittagstisch) gehört auch noch für alle dazu. Ich freue mich innerlich, dass sogar der Große das noch macht, dass es für ihn eben meist einfach dazugehört. Klar gibt es Ausnahmen, wenn er sauer ist, weil ich am Morgen gemeckert habe oder er nicht das bekommen hat, was er wollte, aber das ist normal und dann zwinge ich ihn oder die anderen sicher nicht dazu. Er macht das sogar, wenn er von Kollegen abgeholt wird, um in die Schule zu laufen, und warum sollte es mich stören, solange es ihn nicht stört? Wer weiß, wie lange es noch anhält, bis die Pubertät dann vielleicht zuschlägt?! Ich bin gespannt, was da noch auf uns zukommt.

Ich war rebellisch, aber ich glaube, nicht so schlimm, ich weiß, dass ich immer um jede Minute länger aufbleiben und weggehen kämpfen musste, da mein großer Bruder nie das Bedürfnis hatte auszugehen, ich aber schon immer gern mit Freunden weg war. Also, ich war nie der Discogänger, wir sind meist ins Kino und dann zu McDonald's oder bei uns außerhalb vom Dorf an den Teich zum Grillen und Lachen und Musikhören. Bei uns gab es Bier und später Jimbeam-Cola und vielleicht mal Zigaretten, aber das war es dann auch an „Drogen". Das hat uns allen immer gereicht. Im Sommer zelteten wir am Teich und badeten viel. Es war cool und doch besonders. Ein Dorf weiter haben sie harte Drogen genommen, dagegen waren wir immer brav! Es war eine schöne Zeit. Ich habe mich am Wochenende nachts nochmals rausgeschlichen, wenn ich wusste, dass alle noch am Teich waren und meine Freundinnen und ich haben uns dann getroffen und sind wieder dorthin.

Als wir alt genug waren, hatten meine Eltern immer das Vertrauen in mich, dass ich schon weiß, wie weit ich gehen kann. Und ja, ich wusste es auch und habe nein sagen können, wenn ich etwas nicht wollte! Danke für das Vertrauen. Ich hoffe, dass ich diese Kraft, „nein" zu etwas zu sagen, obwohl vielleicht alle anderen es machen, an meine Kinder weitergeben kann und ihnen dieses Vertrauen schenken kann, dass sie die richtigen Entscheidungen treffen werden und wissen, wie man sich benimmt und dies zu schätzen wissen.

Ich war damals schon viel lieber auf den Dorffesten und der Kirmes als in Discos. Ich war nie eine Tussi. Das liegt vielleicht mit daran, dass alle in meinem Alter in meinem Dorf Jungs waren, bis ich 16 Jahre alt war. Ich war also eher ein Junge und spielte gern Ritter und Cowboy, baute Staudämme und fuhr Rallyes mit dem Fahrrad oder lief mit Gummistiefeln und in Jogginghose umher.

Meine Dreijährige liebt Rosa und Pink, Hello Kitty und Kleider, das hat sie nicht von mir. Aber wenn es ihr Freude macht – ich bin gespannt, was meine kleine Pink Lady noch so alles anders macht.

Bei der Kleinsten ist ja sowieso noch alles offen.

# Patrik

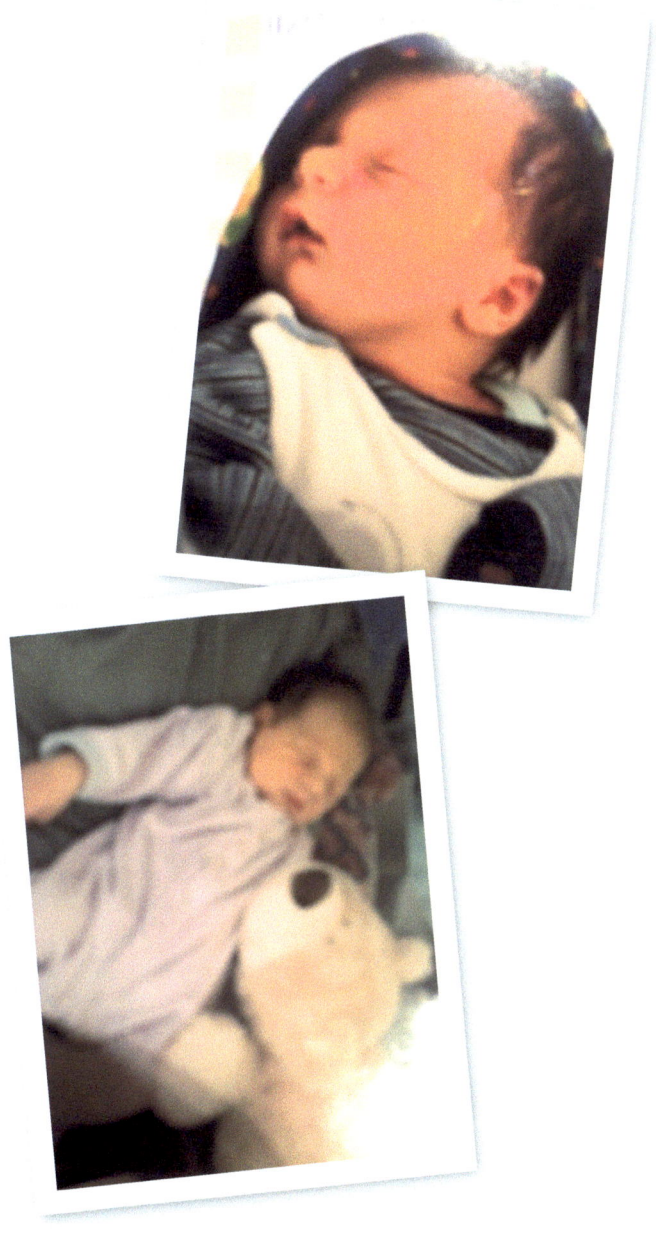

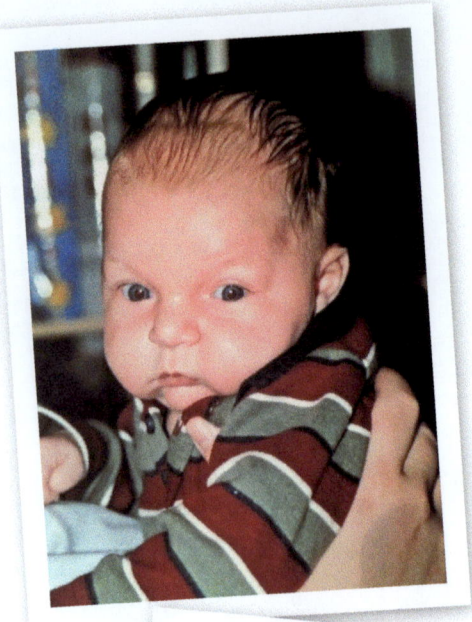

# Leon

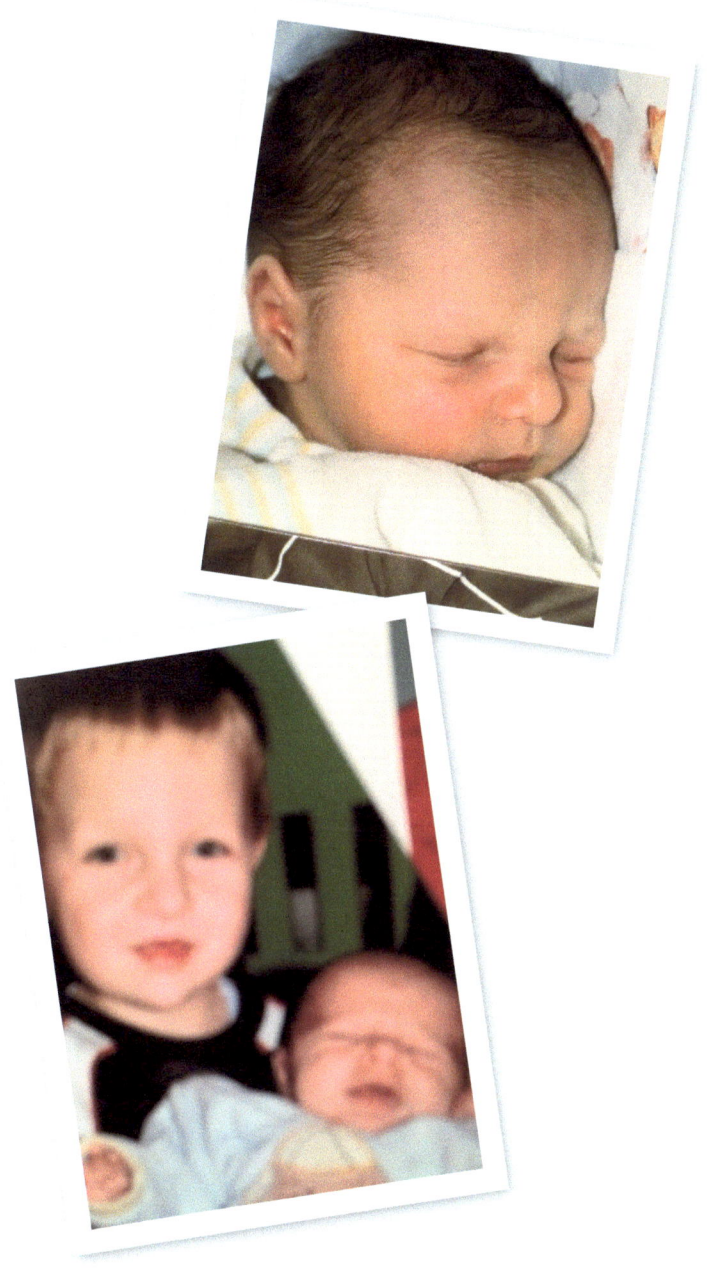

Paula

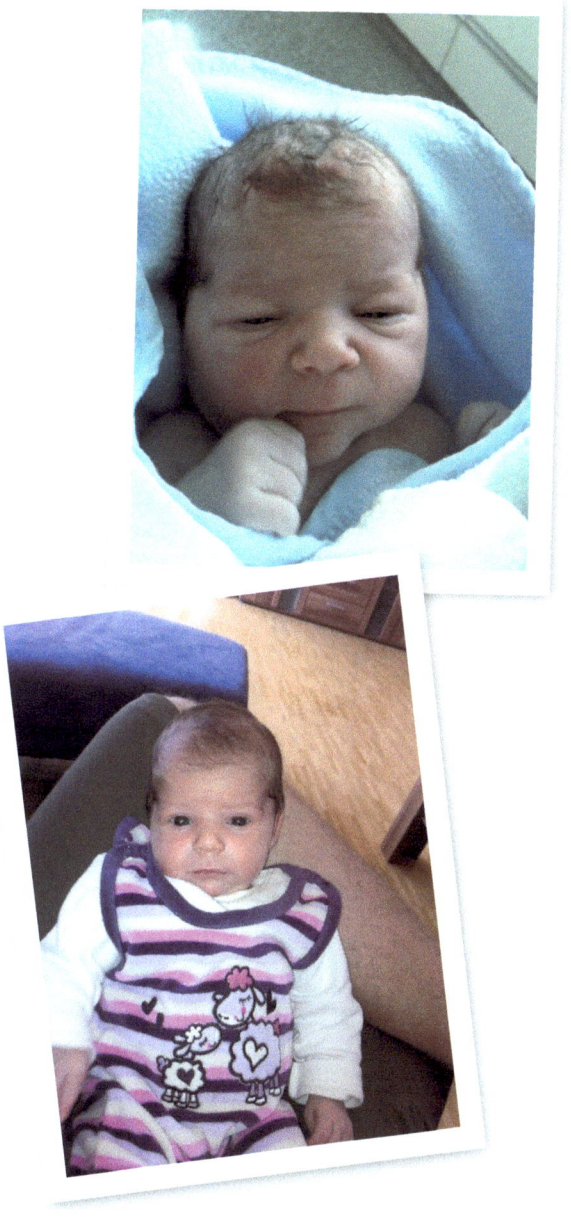

# Emilie

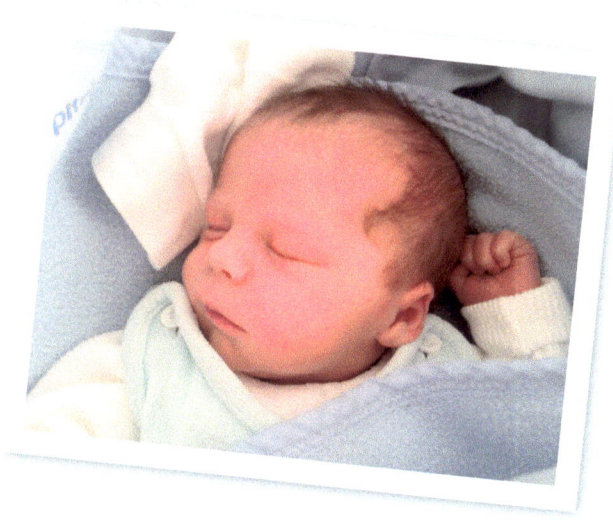

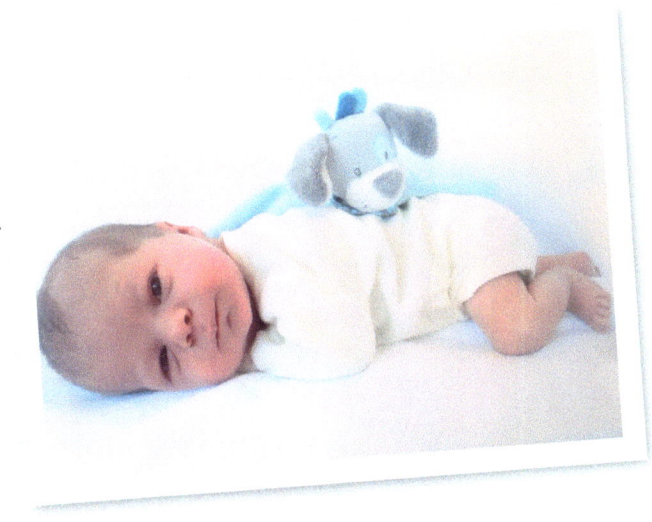

## Veränderungen seit meiner Kindheit/Jugend

Zu DDR-Zeiten hatten wir von jedem Produkt, das es gab, nur eine Sorte, Apfelsinen konnte man nur zu Weihnachten kaufen, wie auch Lebkuchen und Schockolade. Zu Ostern gab es statt Geschenken nur Schokihasen und Eier, das reichte! Ostern ist ja schließlich nicht Weihnachten, aber auch da hielten sich die Ansprüche in Grenzen. Urlaub war nur innerhalb Deutschlands oder in den Oststaaten möglich. Meine Eltern hatten Arbeit und einen guten Lohn, aber es gab dafür fast nichts Spezielles oder man musste Beziehungen haben oder gegen begehrte Waren tauschen. Zitrusfrüchte oder Bananen gab es nur einmal im Monat, wenn überhaupt. Vor der Wende haben wir ab und zu Westpakete von den Verwandten bekommen. Außerdem gab es einen Intershop, in dem man zu überteuerten Preisen Westprodukte wie Backpulver, Strumpfhosen oder Penatencreme kaufen konnte.

Im Dorf baute man alles selbst an und hatte Tiere für das Fleisch und die Milch. Ich liebte die Hausschlachtungen … Lecker! Es gab für jeden bei Bedarf Kinderkrippen- und immer Kindergartenplätze. Die Lehrer waren noch Autoritäten und die Eltern standen hinter den Lehrern. Nicht wie heute, dass die Lehrer Angst vor den Besuchen und Vorwürfen der Eltern haben müssen. Aber dafür mussten die Eltern „brav" und loyal gegenüber dem Land oder der Regierung sein, sonst hatten auch die Kinder keine Möglichkeit zu studieren.

Wir haben noch den Po versohlt bekommen, wenn wir richtigen Blödsinn gemacht haben. Wir wurden noch sehr streng erzogen. Wir wurden damals bis zu einem Alter von ca. 15 Jahren in allen Sachverhalten nicht gefragt, es war einfach so und die Entscheidung der Eltern oder der Familie wurde nicht infrage gestellt oder kommentiert. Wir hatten Respekt, haben aber auch Grenzen ausgetestet und Schlupflöcher gesucht. Es gab noch nicht wirklich Drogen, jedenfalls nicht bei uns auf dem Land, außer Alkohol und Zigaretten kannten wir nichts Verbotenes … Es gab sicher noch kein iPhone und Facebook und YouTube. Wir hatten noch keine Computer oder Fernseher im Zimmer bis wir fast 18 Jahre alt waren. Es gab keine Ballerspiele, sondern wir spielten mit Holzstöcken als Waffen, bauten draußen Holz- und Baumhütten und waren den ganzen Tag draußen. Wir gingen einfach spontan klingeln und fragten, ob die Kollegen rauskommen können.

Es gab nur ein Telefon im ganzen Dorf und später eine Telefonzelle, nur einen kleinen Postschalter und einen kleinen Kaufladen. Im Fernsehen gab es nur zwei Ossisender und die Westsender, die alle schauten, die man aber nicht sehen durfte. Es wurde nur abends ab sieben Uhr ferngesehen und dann kam das Sandmännchen. Ich kann mich noch an das Schwarz-Weiß-Fernsehen erinnern. Nach der Wende hatten wir einen Farbfernseher. Es gab noch keine Fernbedienung, man musste aufstehen und umschalten! Es gab keine Videorekorder.

Zu Beginn gab es nur Schallplattenspieler und Radios ohne Kassettendeck. Mit Kassettendeck nahmen wir unsere Lieblingslieder auf Kassetten auf, indem wir neben dem Rekorder saßen und „Aufnahme" drückten, und uns unendlich ärgerten, wenn der Moderator dazwischen quatschte oder das Lied früher endete. Nach der Wende gab es dann den Walkman mit Kassetten, später noch den Discman, das war cool … Unser erster Computer, als ich ca. 14 Jahre alt war, hatte eine grüne Schrift, man konnte schreiben und es gab dieses Tennisspiel mit den Balken und dem Ball. Das Nächste war dann mein Gameboy mit Super Mario und Tetris.

Ich kann mich noch an das Begrüßungsgeld zur Wende erinnern. Wir sind über die Grenze gefahren und in ein Shoppingcenter gegangen. Ich habe eine Barbie bekommen und mein Bruder ein ferngesteuertes Auto und jeder einen großen Glitzerflummi. Diese Riesenregale mit Spielzeug, ich sehe sie noch vor mir, als wäre es gestern gewesen.

Wir haben Partys gefeiert und mussten keine Angst haben, dass die ganze Welt davon Videos sehen kann.

Es gab nur Fotoapparate mit Filmen zum Einlegen, man musste von Bild zu Bild vordrehen, bis es klickte, und dann durfte man erst das nächste Foto machen. Wir hatten nach der Wende die erste Sofortbildkamera und dann einen Fotoapparat, der die Fotos selbst vorgespult hat.

Wir hatten erst einen hellblauen und dann einen panamagrünen Trabbi ohne Gurte oder Kindersitze hinten. Unser erstes Auto nach der Wende war ein Peugeot 306 in Himmelblau. Wir waren so stolz und haben damals freiwillig das Auto ausgesaugt und geputzt!

Es gab bei Gewittern oder Unwettern noch regelmäßig Stromausfälle von mehreren Stunden, dann machten wir Gesellschaftsspiele bei Kerzenschein. Bis 1990 gab es keine Wasserkocher, Toaster oder Ähnliches. Es gab nur Filterkaffee und frische Kuh- oder Ziegenmilch und nur Klingel-Wecker.

Es gab noch doppelte Fenster mit Eisblumen im Winter und dicke schwere Federbetten, und runde Seifenstücke zum Händewaschen.

Wir waren alles Schlüsselkinder und es gab eine Schulspeisung zu Mittag. Wenn wir den Schulbus verpasst hatten oder er nicht kam, mussten wir 4,5 km heim laufen. Wir hatten draußen Schulsport, bei jedem Wetter, und wir konnten bei verschiedenen Sportarten schnuppern, zum Beispiel beim Rennrodeln, Eiskunstlaufen oder Skispringen.

Es gab Ferienlager für die Kinder während drei bis fünf Wochen in den Sommerferien, zum Beispiel oberhalb von Berlin.

Wir hatten in jedem Raum einen Ofen zum Anfeuern oder einen zentralen Kachelofen für mehrere Räume, der ebenfalls immer angefeuert werden musste. Im Bad stand ein Ofen mit einem Heißwasserkessel, der vor dem Baden auch angefeuert und aufgeheizt werden musste.

Man hat noch viel selbst genäht und repariert. Es wurde alles noch auf Langlebigkeit und „Unkaputtbarkeit" gebaut …

Die Waschmaschine war noch von vorgestern … Wir hatten Nachttöpfe unter dem Bett und ein Plumpsklo im Garten und als ich ca. fünf Jahre alt war ein WC im Haus.

Wir kennen noch die Olsenbande, das Sandmännchen, Pitiplatsch, Monchichi, Trabbi, Stoffklammerbeutel, Kittelschürzen, Michel, Pippi Langstrumpf, Tischdeckenklemmen, Hühnereierbecher, WC-Papier-Puppen, den Wackeldackel, die typischen Tapeten und Stoffmuster, Stoffschwimmmatrazen, Kohlenschippen und Holzstapel, Aschetonnen, Pausenmilch, Pioniertücher, die FD-Jugend, Ampelmännchen, das Klapprad, Schwalbe, Simson, Trabbi, Wartburg, Rollschuhe, Holzroller, Plastikteddys, Plastiksandfahrzeuge, Märchen des Ostens (Drei Haselnüsse, singende, klingende Bäumchen, Spuk draußen ...), Knusperflocken, Hallorenkugeln, Putzi, die typischen Ossigerichte, typische Eisdielenzubereitungen, kalter Hund, Pauli, Olek und Polek, Tigerbalsam, speziellen Kuchen, Matruschkas, Lederschulranzen, Fr. Puppendoktor Pille, das Augsburger Puppentheater, Bauzner Senf, Werder Ketchup, das Testbild auf dem Fernseher, Spee, das Reparaturset für Kassetten, typische Spielzeuge, Westserien (Knightrider, Simon und Simon, Alf, Gremlins, Hart aber herzlich, Bud Spencer und Terence Hill, Baywatch, 21 Jumpstreet, ein Colt für alle Fälle, Lessie, Flipper, Black Beauty, Heintjefilme (Pauker, Lümmel von der ersten Bank ...), Airwolf, MacGyver, A-Team, Herbie, Beverly Hills 90210, Zurück in die Zukunft, Roy-Black-Filme, Sissy, Winnetou), als Kassetten gab es Traumzauberbaum, Geschichtenlieder und natürlich alle Märchen der Gebrüder Grimm! Und sooo vieles mehr!!!

Wir haben den Jahrtausendwechsel überlebt und unzählige Weltuntergangsdaten.

Wir haben das Früher überlebt und hatten es in mancherlei Hinsicht ruhiger und wir waren weniger reizüberflutet ...

Der Fortschritt und die Neuerungen seit meiner Kindheit, das ist unglaublich!!!! Kaum vorstellbar für die heutige Jugend, dass alles mal ohne Handys und die Computertechnik lief ...

Aber wir hatten eine schöne und stressfreie Kindheit, die meiste Zeit haben wir im Freien verbracht, dafür ohne Multimedia. Aber schon verrückt, was in den 25 Jahren so alles auf den Markt gekommen ist und wie schnell die Technik verbessert wird.

Ich war in der vierten Klasse, als die Wende kam, und wollte gern aufs Gymnasium. In der DDR hätte ich nicht gedurft, da meine Eltern immer neutral waren und auch in keiner Partei. Aber so konnte ich trotz Gegenwehr der Lehrer gehen und unsere Klassenlehrerin hat mich das spüren lassen, bis zum Wechsel aufs Gymnasium. Ich musste oft die Hausaufgaben neu schreiben oder Zusatzaufgaben machen oder mir wurde der Schulranzen vor der ganzen Klasse ausgeleert und ich musste ihn einräumen. Drei andere Klassenkameraden kannten das schon seit der ersten Klasse so, das war echt gemein. Ich war dann auf dem Gymnasium nicht die Beste, konnte aber mit allen naturwissenschaftlichen Fächern ausgleichen. Vor allem das Rechnen mit Buchstaben lag mir gar nicht und blieb mir unbegreiflich! Dafür kann ich heute noch super schnell mit Zahlen im Kopf oder halbschriftlich rechnen … Wir waren 1999 die letzten Abiturienten des Jahrtausends! Und so stolz darauf. Ich versuche den zwei Großen immer klar zu machen, dass die Schulzeit ein wichtiger Grundstein für ihr späteres Leben ist. Dass er sich anstrengen muss, dass es seine Noten sind und er seine Ziele und seinen Berufswunsch damit verfolgt. Aber wenn ich mich an meine Zeit in der fünften Klasse erinnere, da habe ich auch noch nicht verstanden, dass ich das für mich gemachte habe und nicht für meine Eltern … Ich glaube ich habe das auch erst in der achten oder neunten Klasse verstanden … Das ist schwierig … Es ist ja hier in der Schweiz jederzeit möglich, noch eine Berufsmatura zu machen oder später den Abschluss nachzuholen, wenn dann die Einsicht und die Weitsicht dazu gekommen sind. Aber eben, jetzt sieht er es noch nicht … Und egal, wie beliebt oder unbeliebt man in der Schule war – das kann schon in der Ausbildung oder später auch im Leben das genaue Gegenteil sein. Wenn man es in der Schule schon nicht so leicht hatte, auch Niederlagen und Misserfolge durchlaufen und überstehen musste, war man wenigstens auf das spätere Leben vorbereitet und wusste, dass man sich jederzeit wieder aufrappeln und weitergehen oder neu starten kann. Oder dass man zugeben kann, wenn etwas nicht geht, die falsche Entscheidung war oder zu viel ist. Das fällt denjenigen, denen immer alles leicht von der

Hand ging und denen alles immer in den Schoss fiel, nicht so leicht. Man lernt schon früh durchzuhalten, das Gute zu sehen, abzuwägen und sich durchzusetzen. In der Lehre kann das dann schon umschlagen. Vorher war ich immer eher ruhig und unauffällig, jetzt wurde ich plötzlich Klassensprecher und Organisator und wurde von allen gemocht und akzeptiert, schon genial. Jeder kann sich sein Leben, seine Stellung und seine Ziele selbst erarbeiten und verwirklichen und so gestalten, wie es ihm gefällt … Es stehen einem heutzutage alle Türen offen. Es braucht je nachdem einen Umweg oder eben Durchhaltevermögen, aber es ist möglich! Sogar die Welt steht einem offen … Es muss auch nicht jeder studieren …wenn man eine Ausbildung macht, bei der man Spaß und für die man Interesse hat, dann ist das meiner Meinung nach das Beste! Es braucht auch noch Handwerker, Bauarbeiter und Pflegefachfrauen … Nicht nur Studierte und Chefs …

Ich bin damals in erster Linie Krankenschwester geworden, weil ich dann neben dem späteren Studium der Veterinärmedizin, zum Beispiel in der Nachtschicht, jobben wollte. Aber dann kamen das Auswandern und die Familie dazwischen und ich bin dabeigeblieben und liebe meinen Job immer noch sehr.

Jetzt bin ich 35 Jahre alt und ehrlich, ich möchte nicht mehr 20 sein … Es war eine schöne Zeit, aber es ist auch gut, wie es jetzt ist! Die Teichpartys und kurzen Nächte mit Thüringer Bratwurst von meinem Onkel und das Bier und die Jim-Beam-Cola … Oh, das war damals gut, aber da war ich noch jung. Mit etwas Abstand und dem heutigen Wissen betrachtet, würde ich einiges anders machen. Wir hatten kurze Nächte oder sind direkt zur Arbeit, haben aber immer die Vernunft besessen und dann nichts oder nur ein Bier getrunken … Auch beim Thema Sex war ich sehr vorsichtig, immer mit Kondom, und wenn ich mit jemandem zwei Jahre zusammen war, dann habe ich die Pille genommen. Ich bin froh, dass ich da vernünftig war.

Meine Kinder waren immer geplant und sowieso gewollt! Ich wäre nie auf die Idee gekommen, während meiner Ausbildung schwanger zu werden oder alles hinzuwerfen, obwohl ich damals schon mit meinem Ex-Lebenspartner zusammen war.

Wir wollten beide mal etwas Anderes sehen und hatten uns Norwegen, Holland oder die Schweiz ausgesucht. Norwegen fiel weg, da ich Wärme und Licht brauche, aber die Anstellungsbedingungen wären auch genial gewesen. Es gab 2002 sowieso einen Pflegekräftemangel und sie hätten das Umziehen, den Sprachkurs und die Übergangswohnung bezahlt, auch der Lohn hat sich sehen lassen können. Holland ist schön und die Bedingungen wären gut gewesen, aber es hatte keine Chance gegen die Schweiz.

Ich war schon immer der Typ, der sich allein organisiert, das heißt, ich hatte mich auch für meinen Ausbildungsplatz mit einer Mappe selbst beworben und mich auf das Vorstellungsgespräch, welches auch ein Aussortieren der Bewerber war, vorbereitet. Mit dem Abitur kam natürlich die Frage auf, warum ich nicht lieber studieren wollte, worauf ich antwortete, dass ich das noch vorhabe, aber ich erst einmal Krankenschwester erlernen möchte, um Einblicke in die Medizin und in die Pflege zu bekommen und ich mit dieser Ausbildung neben dem Studium gut arbeiten und es finanzieren könnte. Das hinterließ Eindruck und ich war eine der zehn Lehrlinge von 150 Bewerbern. Also habe ich mich auch selbst in der Schweiz „blind" beworben. Ich suchte mir sechs große Spitäler heraus und ging in einer Ferienwoche in jedem Spital einen Tag schnuppern und hatte zum Schluss die Wahl … Ich entschied mich für Aarau, da dort die Kollegen am freundlichsten und offensten waren, außerdem ist es ein Kantonsspital und hat viele Abteilungen zu bieten, welche aber auf verschiedene Häuser mit Grünflächen verteilt sind.

Die Abschlussprüfung bestand ich natürlich, obwohl ich mir damals nicht so sicher war, da wir doch drei dicke Ordner wissen oder anwenden können mussten. Und am 1. Oktober 2002 startete ich auf der Medizin/Onkologie mit Iso-Patienten. Am gleichen Tag wie eine andere junge Frau, welche mir sofort bekannt vorkam, aber wir mussten beide lange überlegen, woher wir uns kannten. Es stellte sich heraus, dass sie auch aus Thüringen war, nur ca. 30 km entfernt wohnte und in der Ausbildung zur gleichen Zeit, wie ich ihr Vier-Wochen-Psychiatriepraktikum absolvierte. Dort hatten wir uns oft beim Essen mit den Patienten gesehen und auch unterhalten. Und jetzt haben wir am gleichen Tag auf der gleichen Station in der Schweiz angefangen ... Wie klein ist doch die Welt oder man sieht sich immer zweimal. Wir hatten eine schöne Zeit und ich wechselte nach sechs Jahren auf die Frauenklinik mit Notfall und Onkologie. Es war ein sehr spannendes, lehrreiches und abwechslungsreiches Gebiet, da wir abwechselnd immer in einem der drei Gebiete arbeiteten. Nachdem ich mit meinem Mann schon gut eineinhalb Jahre im Raum Luzern wohnte, wurden mir die Fahrwege von ca. 35 Minuten zweimal am Tag doch zu viel. Deshalb wechselte ich nach Luzern auf die Chirurgie. Einige werden sich jetzt fragen: „Warum immer ein neues Fachgebiet ...?" Ganz einfach, nach ca. vier Jahren auf einer Station hat man einen recht guten Überblick, man kennt sich gut aus und weiß, wie es läuft. Man kennt die Medikamente und die Krankheitsbilder. Ich möchte dann wieder etwas Neues lernen und sehen, das Hirn mal wieder etwas fordern. Man fühlt sich zwar zu Beginn wieder als Schüler und muss zu Hause Krankheitsbilder und Therapien und Medikamente nachlesen und lernen, aber gerade das ist doch der Reiz, jedenfalls für mich. Etwas Neues, etwas ganz Anderes und das Wissen vermehren und natürlich auch das mitgebrachte Wissen anwenden und teilen. Das ist für mich eine Herausforderung und man lernt so viel dazu. In der Ausbildung hätte ich mir nie vorstellen können, mal auf der Onkologie zu arbeiten, aber es liegt mir. Die tiefgründigen Gespräche mit den Patienten und die Tatsache, ihnen Tipps und Ratschläge geben zu können, sie zu unterstützen und zu begleiten, das gefällt mir sehr. Klar gehören dazu auch traurige Momente, das Sterben und der Tod, aber auch damit kann ich meiner Meinung nach gut umgehen und offen und wertschätzend zur Seite zu stehen. Wir hatten ein super Team und eine hervorragende Chefin. Sie wusste genau, wo die Stärken und Schwächen liegen und warum sie einen eingestellt hatte und schätzte. In der Frauenklinik waren es die Abwechslung und die drei verschiedenen Gebiete, die mich interessierten. Weiterhin die Onkologie, aber andere Erkrankungen und Therapien und die zwei völlig neuen Themengebiete. Es war eine lehrreiche Zeit.

Und dann die Chirurgie. Ich war in der Mitte des neunten Monats meiner Schwangerschaft und mit einem riesigen Kugelbauch auf der Station schnuppern. Der Chef ist genauso wie meine erste Chefin, also erfahren und nicht blutjung ohne Weitsicht ... Die Verbände und vielen verschiedenen Bereiche von Gefäßchirurgie, Visceralchirurgie, Trauma, OP-Begleitung bei onkologischen Patienten und allen anderen Patienten reizten mich sehr. Es war viel zu lernen, viele neue Fachgebiet mit Medikamenten, Therapien und Krankheitsbildern, aber es macht immer noch viel Spaß. Ich bin jetzt schon wieder 4 Jahre dort. Zeit für eine Veränderung?! Ja, eigentlich schon. Aber erst mal kommt Paula in den Kindergarten und Emilie in die Krippe, wenn ich schaffe. Wenn sich alles etwas eingespielt hat und organisiert läuft, dann möchte ich gern auf die Onkologie oder Palliative Station wechseln. Ein Stück näher zu meiner Ausbildung zur Onkohöfa. Ich werde mich Ende des Sommers mal bewerben und natürlich schnuppern. Der erste Eindruck von den Kollegen und dem Teamchef zählt für mich.

Im Jahr 2002 beim Schnuppern war eine Station dabei, auf der schon beim ersten Gespräch über Mobbing geredet wurde, eine wahnsinnig schlaue Werbung ... Ich habe noch in der gleichen Woche dort abgesagt! Oder eine andere Station, auf der jeder nur seine Aufgaben erledigt, sich niemand hilft oder so wirklich über Privates und Tipps redet. Das wäre keine Station für mich. Ich möchte gern auf die Arbeit gehen und Hilfe bekommen und nicht nur wegen des Geldes arbeiten gehen und für mich schaffen. Auch die Betreuung der Schüler bringt mir sehr viel, die Fragen welche sie mir stellen, lassen mich immer wieder aufs Neue mein Wissen überprüfen, entstandene Lücken wieder füllen oder bringen mich sogar dazu, etwas nachzulesen. Das ist eine Herausforderung für sich, weil sie auch vieles anders lernen oder es schon wieder eine der vielen Neuerungen oder Neuüberarbeitungen gab. Der Beruf ist so schnelllebig. Schon allein der Mutterschaftsurlaub reichte meist, dass es neue Geräte, Therapien oder Medikamente gab, oder gar die gesamte Dokumentation überarbeitet und erneuert wurde, sowie irgendwelche neuen Zettel zur genaueren Dokumentation im Patientendossier waren … Wahnsinn, man kommt zurück und muss immer flexibel und anpassungsfähig sein. Da ist es auch mit meinem jetzt 40%igen Pensum schon schwierig, immer an allem dran zu bleiben und nichts zu verpassen.

Solche Berufe wie Maler oder Schreiner oder Gärtner wären auch was für mich gewesen. Da sieht man am Ende des Tages, was man gemacht hat, und kann immer kreativ sein und basteln. Das sind heute eher meine Hobbys und mein Ausgleich. Zum Beispiel Gartenarbeit oder etwas bauen mit den Kids, etwas neu bemalen oder umgestalten, das macht mir Spaß und ich kann gut dabei abschalten und nachdenken. In einem Büro tagaus tagein vor dem Computer zu sitzen, das wäre gar nichts für mich! Nur Papierkram und Telefonate, wenige Gespräche oder kaum Menschenkontakt, das wäre nicht mein Ding! Aber so hat eben jeder seine Stärken und Vorstellungen.

Was ich jetzt noch vermisse, ist eine Freundin, die im gleichen Ort wohnt und auch spontan mal Zeit hat oder vorbeischaut mit den Kids. Das hatte ich im Aargau natürlich nach acht Jahren alles … Das habe ich genossen. Einfach vorbeigehen ohne Termin oder es klingelt an der Tür und es steht jemand davor mit Würsten und Wein. Aber es sind jetzt ja erst zwei Jahre hier im Haus, das braucht halt seine Zeit und ich habe selbst viel um die Ohren, das kommt hoffentlich noch. Immerhin haben wir jetzt schon recht viele Kinder, die regelmäßig zu meinen Kids zum Spielen kommen.

## Meine Babyliste

Ausstattung vor der Geburt:
- Anne-Geddes-Fotobuch: Meine ersten fünf Jahre
- Wickeltasche
- Stillbuch von Hannah Lothrop bei Bedarf
- kein Flaschenwärmer – das dauert zu lange
- kein Wickeltisch – nur drei Monate nutzbar …
- kein Sterilisator – abkochen im Kochtopf reicht …
- zwei Still-BHs – immer ein bis zwei Größen größer als normal …
- drei Packungen Stilleinlagen für die ersten zwei Wochen – günstige reichen
- eine Packung Stilltee pro Woche (dreimal pro Tag) – sicher drei Packungen für die ersten zwei Wochen
- eine große zinkhaltige Wundcreme und eine kleine für unterwegs
- zwei Packungen Windeln Newborn für die erste Woche
- Feuchttücher oder Watte (mit Wasser) – zweimal groß und einmal klein für unterwegs
- ein Babybad, ein Badethermometer
- Ohrenstäbchen für Babys – eine Packung reicht für zwei bis drei Monate
- eine Thermoskanne
- mindestens zehn Noschis in Weiß – man kann sie dann selbst nach Wunsch einfärben …
- ein Stillkissen
- mindestens vier Packungen Slipeinlagen oder Binden für die ersten zwei Wochen – hier reichen die günstigsten
- eine Babybadewanne ist nicht nötig, ein Waschkorb reicht
- eine Handpumpe zum Milchabpumpen in Reserve

- eine Flaschenbürste zum Reinigen, zwei Flaschen á 260 ml, eine Flasche á 125 ml, je zwei Aufsätze für ein Alter von einem, zwei und drei Monaten
- zwei kleine Nuggis, zwei weiche Nuggiketten
- eine Haarbürste
- ein Fläschchenportionierer ist sehr wichtig für unterwegs
- Eiswürfeltüten
- eine Autoschale bzw. ein Kindersitz
- Kinderwagen und Fußsack
- Bettzeug und Bettdecken.
- Babykleidung: Newborn Größe 50/56
- Bauchsalbe: Bodybutter
- einmal HA-Start-Baby-Nahrung in Reserve

Apotheke:
Einmal das rosa Zahngel (nicht Kräuter), Calendula-Essenz bei einem Dammriss, eine Ringelblumensalbe bei Dammriss, ein Thermometer für das Baby, eine Bepanthensalbe, eine Purelansalbe, PulmexBaby Salbe gegen Husten, Nagelkneifer, Nasensprays für Babys, NaCl Nasenspray, eine Elektrolytlösung bei Durchfallerkrankungen – diese ist vier Jahre lang haltbar, Puder für den Bauchnabel bekommt man meist vom Spital – das machen sie heute nicht mehr, es funktioniert aber am besten ..., eine Imazolpaste, Vitamine für die Schwangerschaft, die man auch in der Stillzeit einnehmen kann, Panadolzäpfchen je nach Gewicht und in Reserve Voltaren- oder Ibuprofenzäpfchen je nach Gewicht.

Papiere und Wege vor der Geburt:
Mütterberatung suchen für Fragen innerhalb von sechs Wochen nach der Geburt und um das Baby regelmäßig abwiegen zu lassen, eventuell eine Hilfe für zu Hause, eine Hebamme (bis elf Tage nach der Geburt), vorher einen Kinderarzt suchen, Krankenkassenanmeldung ab der 25. Woche, eine Kinderbetreuung für nachher oder eine Notfalltelefonliste für die Geburt, die Telefonnummer vom Spital und von einem Taxiunternehmen, eine Geburtsanzeige und Dankeskarten vorbereiten ... nur noch Fotos einfügen und

Daten, bei Bedarf auch Taufkarten, bei der Krankenkasse abklären, ob sie Stillgeld und den Rückbildungskurs zahlen, eine Zahnversicherung vor dem dritten Lebensjahr abschließen, einen Beckenbodenrückbildungskurs suchen, einen Kurs für Babyschwimmen suchen, einen Vorkurs oder Spitalinfoabend zum Thema Geburt suchen, die Anmeldung für das Spital durch den Frauenarzt veranlassen, die Papiere für den Pass oder die Botschaft organisieren, wenn Sie nicht verheiratet sind: Sorgerechtsvertrag, Unterhaltsvertrag, Erbvertrag, Vaterschaftsanerkennung.

Spitalkoffer, der ab der 25. Schwangerschaftswoche bereitsteht: Snacks, CDs, Hausschuhe, Stillpyjama, Waschbeutel, Bademantel, T-Shirt und Socken für die Geburt, Still-BHs, Mama- und Babysachen für die Heimreise (Autositz nicht vergessen), Zettel mit allen offenen Fragen zum Thema Stillen und so weiter, Dokumente, Fotoapparat, Spitalsachen für Mama.

Ausstattung nach der Geburt:
Zahnpaste und Bürste reichen ab einem Alter von drei Monaten oder beim ersten Zahn, Stubenwagen und Stubenbett, Babywippe, je zwei Krabbelunterlagen und -decken wegen Wachersatz, einen weichen Beißring und eine Rassel, Knisterspielzeug, eine Spieluhr, eine Gummiunterlage fürs Bett, ein Spielebogen, Besteck, Plastiklöffel, Teller, Tassen, eine Schnabeltasse, Babysachen bis zu einem Alter von drei Monaten in Größe 56/62, bis zu einem Alter von sechs Monaten in Größe 62/68.

Ausstattung ab 5 Monaten:
Trip Trap, Sonnenbrille und -hut später für den Sommer, ein Breikochbuch und Eiswürfelboxen, ein Auto zum Laufen ab sechs Monaten, ein Bobby Car ab einem Jahr.

# Mein Buch

Ich schreibe jetzt seit zwei Wochen an diesem Buch und schaue immer wieder auf die wachsende Seitenzahl. Ich freue mich sehr und habe weiterhin Ideen für Abschnitte oder noch Ergänzungen, es macht wirklich Spaß.

Das Schreiben an meinem Buch ist wie eine Aufarbeitung oder eine Verarbeitung von allen Ereignissen. Es ist wie ein Auf- oder auch Ausräumen von Gedanken, Gefühlen, „Erlebnissen" und Ideen, die mir die ganze Zeit im Kopf umherschwirren und von denen ich nicht weiß, was ich damit anfangen soll. Obwohl ich durch das eigene Erlebte so viele Erfahrungen und Tipps zur Verfügung habe, gibt es doch keinen Abnehmer. Ich habe viele Kolleginnen mit dem ersten und zweiten Kind, aber keiner möchte Tipps bekommen. Wenn man von sich aus erzählt, will man sich aufdrängen, und wenn man es anbietet, dass sie sich jederzeit melden können, hört man sowieso nie etwas von ihnen … Es ist fast zum Verrücktwerden, dabei wäre es mit ein paar Tricks doch viel einfacher …

Was soll ich sagen, dieses Buch ist einfach befreiend …

Speziell ist auch, dass ich alles auf dem Handy geschrieben habe, in der Mittagspause oder am Abend vor dem Fernseher oder wenn ich mal im Wartezimmer gesessen habe, ja sogar in einer ruhigen Minute auf dem WC. Einmal in der Woche wurde alles per Mail zum Computer geschickt und wenn abends alle Kinder im Bett waren, auf Word bearbeitet und zusammengefügt.

Ich weiß nicht, ob sich mein Buch verkaufen wird, aber mir hat es jetzt schon etwas gebracht. Einfach das Niederschreiben des Erlebten … Ich kann nur hoffen, dass es wenigstens einer schwangeren Frau oder einer Mutter eine Erleichterung oder einen Tipp zeigt, dann wäre ich schon froh! Es ist wie in meinem

Beruf, jeden Tag trifft man viele unterschiedliche Leute mit verschiedenen Erfahrungen und in verschiedenen Lebensabschnitten. Nicht jedem hilft der gleiche Satz oder das gleiche gute Wort, jeder ist anders und braucht eine andere Hilfe. Aber es reicht schon aus, wenn ich jeden Tag wenigstens einem Menschen helfen, ihm etwas erleichtern oder ihm ein Lächeln auf die Lippen zaubern kann, dann war mein Tag sinnvoll und ich weiß, warum ich diesen Beruf so liebe.

Alle Namen in meinem Buch sind geändert. Bei den Kindern sind es die Ersatznamen, die sie bekommen hätten, wenn sie mit dem anderen Geschlecht geboren worden wären.

Ich wünsche euch allen auf jeden Fall viel Freude mit euren Zwergen. Jedes Lebensalter hat seine positiven und negativen Seiten. Genießt jeden Moment, sie sind so schnell groß und mit der Geburt fängt schon das Loslassen an …

Ich müsste mein Buch auch noch überarbeiten, nach fünf Wochen und 64 Doppelseiten wäre es langsam nötig, aber die Zeit fehlt irgendwie immer. Und wenn ich am Abend mal nicht müde bin, dann komme ich nicht an den Computer. Ich werde wohl auf dem Handy mit dem Korrigieren starten. Auch die einzelnen Abschnitte kann ich noch etwas zusammenfassen, da meine Ideen langsam weniger werden und es eher Ergänzungen sind. Aber es fühlt sich gut an und mein Kopf scheint mir geordneter und auch auf positive Weise leerer, bereit für Neues. Als hätte ich alles, was mich beschäftigt und ich gern weitergeben möchte, sortiert und eben auf Papier für immer festgehalten, zum Nachlesen. Damit es nicht in Vergessenheit gerät. Ich habe etwas erschaffen, einen wichtigen Teil meines Lebens verewigt und ich bin stolz darauf.

Heute ist der 19.2.2016 und ich bin so weit mit meinem Buch fertig. Jetzt werde ich es noch einigen wichtigen Menschen in meinem Leben zum Gegenlesen geben und dann … mal sehen. Bis zum 25.3. habe ich nichts mehr an meinem Buch gemacht. Ich warte auf die drei Gegenleser, dann werde ich die Änderungen vornehmen und es per Mail einreichen.

Nur knapp zwei Monate und vielleicht ein Buch? Und wenn es nicht klappt, werde ich es trotzdem fünfmal als Buch drucken und einfassen lassen, als Erinnerung. Eines für mich und für jedes meiner Kinder eines, da es um sie geht und alles mit ihnen zusammenhängt.

Meine Verlagsbewerbung vom 7.4.2016:

*Guten Tag,*
*ich habe eine Autobiographie geschrieben. Die Kapitel handeln von mir und meinen vier Kindern, in denen die Höhen und Tiefen des Familienlebens erzählt werden, mal lustig, mal tief bewegend, aber unterhaltsam und direkt aus dem Alltag berichtet, durch wertvolle Ratschläge vervollständigt. Ist es möglich, Ihnen mein Buch mit ca. 200 Seiten zum Lesen zuzusenden?*

*Vielen Dank und mit freundlichen Grüßen*
*Sanne Erdmann*

Am 26.4.2016 habe ich „meinen" Verlag gefunden, ich bin sehr aufgeregt und freudig gespannt! Heute habe ich den Vertrag unterzeichnet und werde ihn in den nächsten Tagen einscannen und retoursenden. Ich bin gespannt, was daraus wird, und hoffe, dass mein Buch euch in der Endfassung einige Tipps gibt und viel Freude bereitet.

Es war aufregend, in diesem einen Jahr, die Entstehung und Vollendung vom Buchtitel, dem Exposé, dem Buchrückentext oder Klappentext, der Kurzbiographie, den Werbetexten und dem Cover mit zu erleben. Jedes fertiggestellte „Puzzleteil" auf dem Weg zu meinem kompletten Buch machte mich stolz und glücklich. Durch den Erhalt von meinem Autoren-Bestellschein für Werbematerialien und Bücher, wurde mein Buch wirklich greifbar. Ich kann es kaum noch erwarten es endlich in meinen Händen zu halten.

März 2017:
Der Verlag und ich haben das Buch erneut überarbeitet, nun ist es druckbereit. Ich habe sogar meine eigene Webseite und Facebook-Seite erstellt. Unter sanne-erdmann.jimdo.com erfahrt Ihr einiges über mich, meine veröffentlichten Bücher und meine noch geplanten Schriften. Oder Ihr schaut einmal auf Facebook bei Tipps und Tricks rund um das Leben mit Kindern vorbei. Ich freue mich auf Euch.

Ich bin gespannt. Und vielleicht gibt es dann irgendwann noch eine Fortsetzung, ein weiteres Buch. Falls mein Kopf mal wieder kurz vor dem Explodieren ist und geleert werden muss. Außerdem sind die Kids am Heranwachsen und es werden sicher noch viele lustige Momente und neue Erfahrungen auf mich zukommen, welche ich mit euch teilen möchte.
    Lasst euch nicht ärgern, verbiegt euch nicht für Andere und genießt das Leben mit euren Kindern so, wie es für euch stimmt.

Wie immer: Gesendet vom iPhone ☺

# Abschlussworte

Ich schaue immer noch so gern Serien im Fernsehen, in denen Geburten und Babys gezeigt werden und immer steigt so ein Gefühl der Traurigkeit in mir auf, da ich weiß, dass ich das nicht mehr erleben kann bzw. darf! Diesen einmaligen Moment, wenn ich den Zwerg auf die Welt gebracht habe und ihn das erste Mal in den Arm nehmen, kuscheln und anschauen kann. Das ist unglaublich schön! Unvergesslich!

In den letzten Wochen der Schwangerschaft konnte ich es kaum noch erwarten, die Zwerge endlich im Arm zu halten und zu sehen und zu riechen. Das kennt ihr sicher auch. Ich kann mich noch an jeden dieser Momente von allen meinen Kids erinnern! Jedes Mal so einmalig!

Patrik wurde um 23:48 Uhr geboren. Er war riesig, 56 cm groß und 4190 g schwer. Aber so hatte ich beim ersten Kind nie Angst, etwas kaputt zu machen. Das erste Baby im Arm zu halten war unglaublich. So „klein" und doch perfekt und alles dran! Er war müde von der langen Geburt und schlief in meinem Arm. Er verschmutzte uns noch im Gebärsaal mit einem riesigen Haufen Kindspech.

Oh ja, meine Geburten waren nie leise! Mir half es, alles rauszulassen.

Leon kam um 3:25 Uhr, nach nur 3 Stunden Wehen und 10 Minuten im Spital, mit 51 cm und 3430 g zur Welt. Es war genau der gleiche wundervolle Moment. Er war ganz wach und schaute schon neugierig in der Welt umher! Er war auch perfekt, aber sehr klein gegen den Großen.

Paula erblickte um 13:42 Uhr nach 2 Stunden Wehen und 30 Minuten im Spital, mit 3750 g und 52 cm die Welt. Sie war auch schon sehr munter und schaute umher und es war wieder einer dieser Momente, in dem die Zeit stillstand! So unendlich schön!

Und unsere kleine Emilie kam um 22:20 Uhr mit 3330 g und 52 cm zur Welt, die Leichteste. Ich wusste, dass sie mein letztes großes Wunder sein würde und versuchte, diesen Moment für immer in mein Herz einzuschließen.

Ich möchte diese Gefühle, diese Liebe und diese Verbindung mit dem eigenen Kind, das gerade noch in meinem Bauch herangewachsen war und darin strampelte, niemals vergessen! Diese Faszination für das kleine Menschlein, an dem alles so winzig ist. Wenn ich mir die ersten Fotos nach den Geburten anschaue, sehe ich die Strapazen und dann bin ich stolz und könnte meine Kids sofort knutschen. Alle sind gleich für mich! Alle Kinder habe ich gleich lieb mit all ihren Eigenheiten!

Ich bin stolz auf meine Kinder. Ich würde sie um kein Geld der Welt hergeben, aber ab und zu ausleihen ist okay. Sie machen unser Leben reicher und spannender, aber sie sind auch manchmal anstrengend. Ich danke ihnen für die vielen lustigen und unglaublichen Erfahrungen und Erlebnisse. Ich habe alle meine Kinder auf ihre ganz besondere Weise und mit ihren ganz eigenen Charakterzügen lieb und bin stolz auf sie. Ich glaube fest daran, dass jedes seinen eigenen Weg finden und gehen wird, und freue mich auf alles, was mit ihnen und durch sie noch auf uns zukommt. Ich freue mich darauf, ihr Leben auch weiterhin zu begleiten und zu sehen, was sie daraus machen. Ich hoffe auf noch viele schöne Stunden zusammen und auf Enkelkinder, die ich gern hüten werde.

Danke vielmals und ich habe euch ganz fest lieb!

# Vordrucke und/oder Erinnerungen

**Danksagung nach den Geburtskarten**
Danke sag ich allen Lieben,
die mir Glückwünsche geschrieben,
mich auf dieser Welt empfingen
mit tausend wunderbaren Dingen.
Hose, Hemdchen, Socken, Pulli,
Windel, Handtuch, Kuschelbär
und ausserdem noch vieles mehr,
was das Babyherz begehrt,
habt ihr mir beschert.
Deshalb ließ ich, um zu grüßen,
diese Fotos von mir schießen.

Eure …


**Bäumlifäscht**
von …
Wann: 13. April 2013 ab 15:30 Uhr
Wo: …
Mitnehmen: Werkzeug zum Entbaumen ☺
Bei Verhinderung abmelden
unter der Nummer …
Liebe Grüße


ODER

**Bäumli-Abräum-Fest**
von …
Hallo zusammen, wir möchten Euch hiermit herzlich
am 04.10.2015
ab 11:00 Uhr
in der …
zum Bäumli-Abräum-Fest von … einladen.
Wir freuen uns.


**Einladung**
zur Tauffeier von
…
Hiermit möchten wir Euch recht herzlich zu … Taufe
am Sonntag, dem 17.06.2012
um 10:45 Uhr in der Kirche
zu … einladen.
Anschließend werden wir
in … im Restaurant
gemeinsam zu Mittag essen und den Tag gebührend feiern.


**Danksagung**
Es war eine wunderschöne und festliche Taufe.
Ich möcht mich herzlich bei allen bedanken, die dazu beigetragen haben, dass dieser Tag ein besonderer war.
Ich habe es sehr genossen, bei diesem schönen Wetter mit Euch meine Taufe zu feiern.
Im Namen meiner Eltern sage ich auch Danke für die vielen Glückwünsche und Geschenke.
Ich habe mich sehr darüber gefreut.
Vielen Dank
sagt Euch
…
mit Mama und Papa
und Geschwistern

**Fürbitten**
Gott, wir bitten dich …
… stärke ihre Hände und alles, was sie tun. Sie mögen zart und behutsam sein im Helfen, Trösten und Segnen.
… erhelle ihre Augen, damit sie das Schöne in der Welt sehen kann und Menschen sich freuen, wenn sie von ihr angeschaut werden.
Gott, wir bitten dich …
… öffne ihre Ohren, damit sie hellhörig sind, wenn jemand um Hilfe ruft; damit sie ein offenes Ohr für andere hat und aufmerksam in sich selbst hineinhorchen kann.
… besänftige ihren Mund, damit er freundliche Worte sagt, wem immer sie begegnet, aber auch schweigen kann bei einem Geheimnis.
Gott, wir bitten dich …
… wecke ihre Nase, damit sie den Duft der Blumen, des Brotes und geliebter Menschen riecht und sich daran erfreuen kann.
… schütze ihr Herz, damit es stark bleibt, auch wenn andere sie verletzen, und damit es vor Freude springt, wenn sie mit anderen lacht.
Gott, wir bitten dich …
… lass sie heranwachsen zur Freude der Eltern und aller, die sie kennen.
… begleite sie auf ihrem Lebensweg und schenke ihr immer wieder die Begegnung mit Menschen, die ihr Leben bereichern und spannend und interessant machen.

**Danksagung nach der Geburtskarten**
Vielen Dank sagen
Mama und Papa
mit Geschwistern

Schon lange in unser Herz geschlossen und nun endlich auch in unsere Arme …
… Schön, dass Du da bist.

Ein besonderer Dank geht an all diejenigen, die unseren kleinen Sonnenschein …
mit vielen lieben Glückwünschen, tollen Geschenken und Kleidchen willkommen geheißen haben.

Paula im Mai 2012 und im Januar 2013 im Stubenwagen

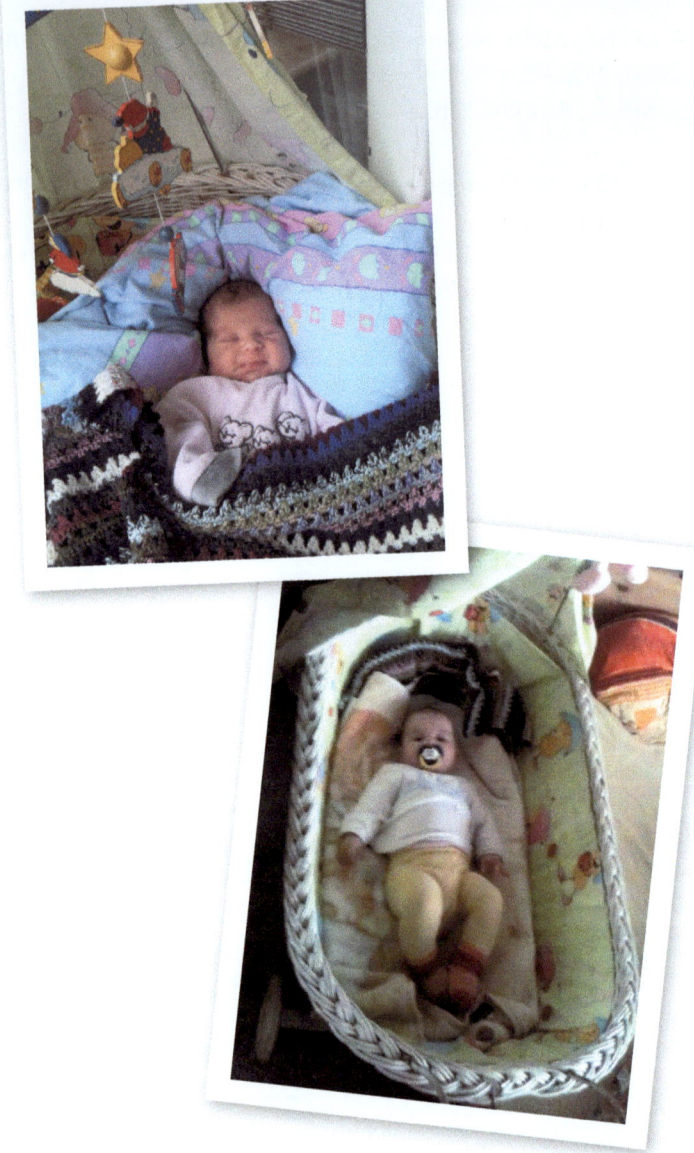

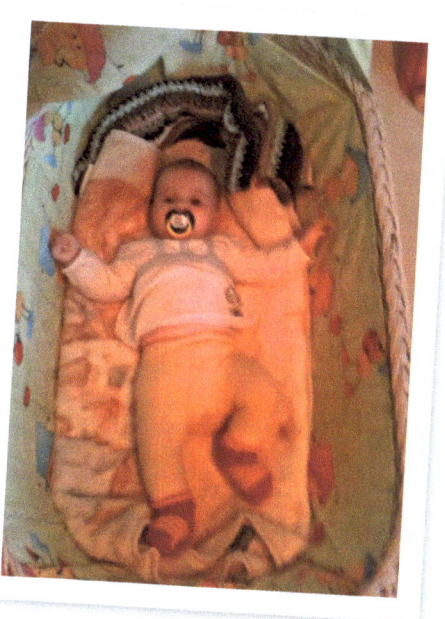
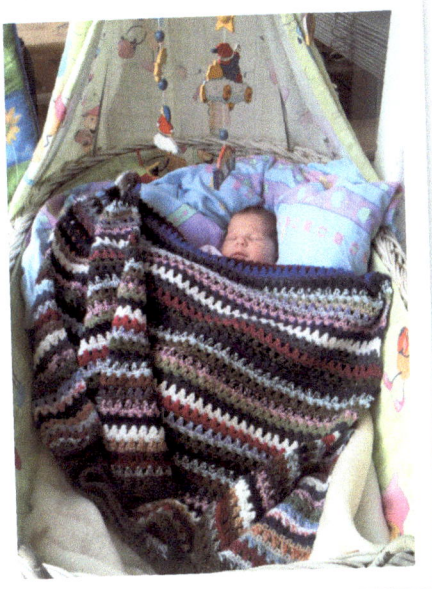

**Emilie im Dezember 2014 und
im Juni 2015 im Stubenwagen**

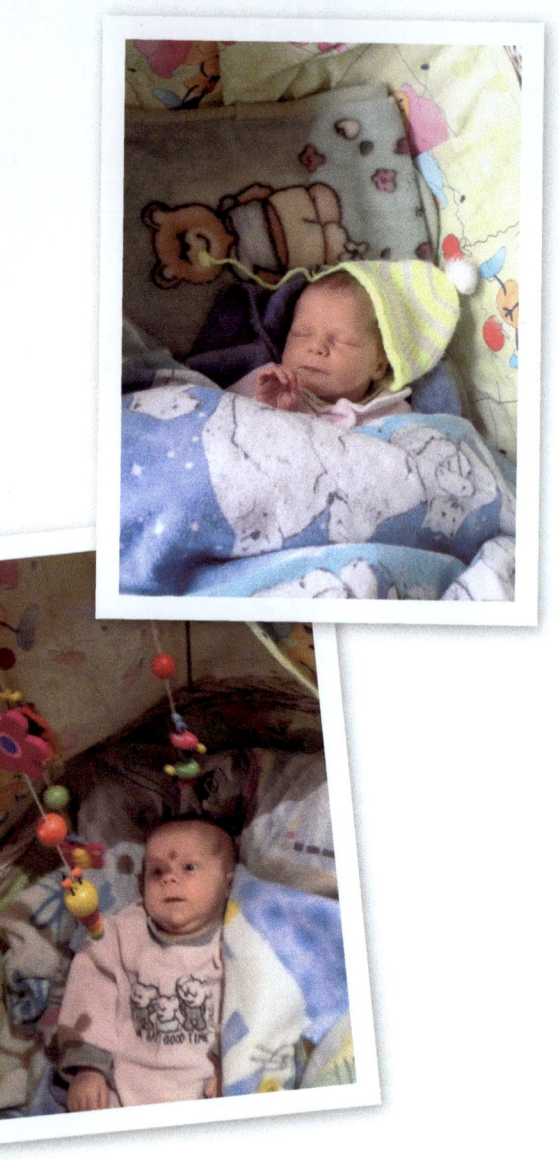

Als Andenken wurde sie in einem Umschlag im Stubenwagen versorgt, dieser wurde wieder auf den Boden gestellt für Paulas Kinder ... Die Uroma von meinem Mann lag schon in diesem Stubenwagen und die Kinder von Paula werden das hoffentlich auch.

Ich habe die *SMS nach der Geburt* nur einmal richtig geschrieben, mit Namen, Größe, Gewicht, Datum und Uhrzeit, am besten noch die Ähnlichkeit, die Art der Geburt und ein Foto einfügen. Dann jeweils nur noch kopieren! Das sind die Daten, die alle wissen wollen! Sonst wird hundertmal nachgefragt! Alles einmal allgemein formulieren und nur noch kopieren!

Die *Karten nach den Geburten* an die Pfleger und Hebammen habe ich natürlich auch selbst geschrieben, zum Beispiel: Unsere gesunde und süße Tochter ist jetzt schon wieder vier Tage auf der Welt und sie ist ganz eine Ruhige und Zufriedene. Das ganze Gegenteil, zu dem, als sie im Bauch war ... Das Stillen klappt jetzt auch schon gut und wir dürfen morgen nach Hause. Es war eine Geburt von sehr wechselnden Gefühlen und Momenten, aber doch angenehm, da wir so herzliche, offene und kompetente Hebammen, Lernende und Ärzte hatten. Wir möchten uns ganz herzlich bei Euch allen bedanken. Für die lieben und aufmunternden Worte, die Scherze zwischendurch, für die Geduld, für die Kompetenz und die Informationen, wie es weitergeht, für das Ernstnehmen der Schmerzen und Ängste ... Für die ganz herzliche Pflege von Euch allen ... Wir haben uns trotz wechselnder Gefühle immer gut betreut und sicher gefühlt! Das trägt so viel dazu bei, diesen schönen Moment der Geburt einfach unvergesslich zu machen! Vielen Dank und macht weiter so!

Ich muss zugeben ich habe einen fixen Text für alle *Dankeskarten:* Vielen Dank für die kompetente und liebevolle Betreuung unserer Tochter/unseres Sohnes während des Spitalsaufenthaltes hier bei Euch. Ich konnte leider nicht immer bei ihr/ihm sein, umso mehr schätzten wir Eure fürsorgliche Pflege. Wir haben uns immer sehr gut aufgehoben gefühlt! Vielen Dank und macht weiter so.

# Bewerten Sie dieses Buch auf unserer Homepage!

www.novumverlag.com

# Die Autorin

Sanne Erdmann, geboren 1980, wuchs in Ostdeutschland auf. Nach dem Abitur machte sie eine Ausbildung zur Krankenschwester, dann wanderte sie in die Schweiz aus. Dort lernte sie ihren Mann kennen und sie heirateten 2010. Mit ihm lebt sie in einem schönen Haus mit Garten. Sie ist Pflegefachfrau mit Leib und Seele, außerdem ist sie Mutter von vier Kindern und „Familienmanagerin". Von ihren Erfahrungen mit dem Familienleben handelt auch ihr erstes Buch „Kind 1 und 2, 3 und 4 – immer ist was los bei mir!". In ihrer Freizeit macht sie gerne Ausflüge mit den Kindern. Einmal im Jahr nehmen sie und ihr Mann sich eine Auszeit für eine Städtereise.

**novum** VERLAG FÜR NEUAUTOREN

# Der Verlag

*Wer aufhört
besser zu werden,
hat aufgehört
gut zu sein!*

Basierend auf diesem Motto ist es dem novum Verlag ein Anliegen neue Manuskripte aufzuspüren, zu veröffentlichen und deren Autoren langfristig zu fördern. Mittlerweile gilt der 1997 gegründete und mehrfach prämierte Verlag als Spezialist für Neuautoren in Deutschland, Österreich und der Schweiz.

**Für jedes neue Manuskript wird innerhalb weniger Wochen eine kostenfreie, unverbindliche Lektorats-Prüfung erstellt.**

Weitere Informationen zum Verlag und seinen Büchern finden Sie im Internet unter:

www.novumverlag.com